제2판

아동과학지도

김정희 · 문혁준 · 권희경 · 김민희 · 우수정 · 조한숙

창지사

P·R·E·F·A·C·E

머리말

아동은 자신의 주변 세계에 대한 호기심을 바탕으로 탐구하려는 태도를 가지고 생활 속에서 과학과 관련된 문제를 인식하여 해결하며, 새로운 것을 창조하는 과정을 거칠 때 과학적 개념이나 지식을 자연스럽게 습득한다. 아동에게 의미 있는 학습은 과학의 내용을 아동의 친숙한 생활 주변에서 찾고, 과학적 사실이나 중요한 법칙도 아동의 상상력의 범위 내에서 경험과 조직이 가능한 것으로 구성하여 자신이 살고 있는 세계에 대해 배울 수 있는 기회를 제공해 주어야 한다.

미래학자들은 제4차 산업혁명 시대의 인재에게 필요한 능력으로 상황맥락지능, 정서지능, 영감지능, 신체지능을 꼽는다. 아동과학지도도 인지적인 측면에만 국한된 것이 아닌 교육의 궁극적 목적인 전인발달에 기여할 수 있어야 한다. 급격하게 변하는 과학 분야의 흐름 속에서 아동기에 경험해야 할 과학의 내용과 지식, 기술을 이해하는 일이 교육현장의 교사에게 필요한 시점이다.

이 책은 대학에서 유아교육학, 아동학, 보육학 등을 전공하는 학부생의 전공교재로 사용할 뿐 아니라 영유아를 가르치는 교육현장에서 사용할 수 있도록 구성하였다. 1부에서는 아동과학교육을 전반적으로 이해할 수 있는 내용을 담았고, 2부에서는 아동의 과학능력 발달과 관련된 이론과 국가수준의 교육과정을 제시하였다. 3부에서는 영유아과학교육의 중심 내용을 언급하였으며, 4부에서는 영유아과학교수방법을, 마지막으로 5부에서는 영유아를 대상으로 한 과학활동의 실제를 다양한 차원에서 다루었다.

이를 통해 아동과학에 대한 학문 영역을 전반적으로 이해하는 것뿐 아니라, 교사로서 가르쳐야 할 아동과학에 대한 구체적인 내용과 목표를 설정하고 효과적인 교수법을 익히는 데 도움을 주고자 한다. 유아교사가 되고자 하는 예비교사와 현장에서 아이들과 함께 생활하면서 열정을 담아 교육하고 있는 현직교사에게 유익하게 활용되기를 기대한다.

본서의 초판을 내고 수년이 흐른 지금, 개정 누리과정의 적용을 비롯해 현장의 교육이 다양하게 변화되어 왔기에 개정판을 발행하게 되었다. 이후에도 부족한 부분을 보완해 나갈 것을 약속드리며, 많은 격려와 충고를 부탁드린다.

끝으로 변화된 여건 속에서도 기꺼이 출판을 맡아 수고해 주시는 창지사의 노고에 진심으로 감사의 말씀을 전한다.

2020년 2월

저자 일동

C·O·N·T·E·N·T·S

목 차

머리말 / 3

1부 아동과학교육의 이해

CHAPTER 01

아동과학지도의 기초 · 15

1. 아동과학지도의 성격 17
2. 아동과학지도의 목적 및 목표 26

CHAPTER 02

아동과학교육의 역사 · 37

1. 미국 아동과학교육의 발달과정 39
2. 우리나라 유아과학교육의 발달과정 48

2부 아동과학능력 발달

CHAPTER 03 아동과학지도 기초이론 · 59

1. 인지발달이론 ·· 61
2. 사회적 구성주의이론 ································ 67
3. 탐구학습이론 ·· 70
4. 다중지능이론 ·· 72

CHAPTER 04 연령별 인지발달특성과 우리나라 국가수준 유아교육과정 · 75

1. 연령별 인지발달특성 ································ 77
2. 연령별 우리나라 국가수준 유아교육과정········ 81

3부 유아과학교육내용

CHAPTER 05 물체와 물질 · 91

1. 물체와 물질에 대한 이해 ································ 93

CHAPTER 06 생명체와 자연환경 · 101

1. 생명체와 자연환경에 대한 이해 ·················· 103

CHAPTER 07 자연현상 · 113

1. 자연현상에 대한 이해 ································ 115

CHAPTER 08 도구와 기계 · 121

1. 도구와 기계에 대한 이해 ··························· 123
2. 생활도구로서의 미디어 ··························· 126

4부 영유아과학교수방법

CHAPTER 09 영유아과학지도를 위한 유아교사의 역할 · 131

1. 놀이지원자로서의 역할 ··························· 133
2. 제시자로서 역할 ··························· 134
3. 촉진자로서의 역할 ··························· 135
4. 관찰자로서의 역할 ··························· 135
5. 기록자로서의 역할 ··························· 136
6. 질문자로서의 역할 ··························· 137
7. 반응자와 상호작용자의 역할 ··························· 138

8. 환경과 자료제공자의 역할 139
9. 본보기와 참여자, 공동의 놀이자로서의 역할 140
10. 교육계획, 실행, 평가자로서의 역할 141
11. 학습자로서의 역할................................ 141

CHAPTER 10 환경구성 · 143

1. 영아반 및 유아반 실내외 과학 흥미영역 145
2. 영아 및 유아의 과학활동 자료 152

CHAPTER 11 평 가 · 157

1. 아동과학지도 평가의 목적 159
2. 아동과학지도 평가의 내용 163
3. 아동과학지도 평가의 방법 166

5부 영유아 과학활동의 실제

CHAPTER 12 영아를 위한 과학활동 · 173

1. 영아 과학활동 ······ 175
2. 영아 과학활동 실행 ······ 181
3. 영아 과학활동 평가 ······ 189

CHAPTER 13 유아를 위한 과학활동 · 193

1. 유아 과학활동 ······ 195
2. 유아 과학활동 실행 ······ 196
3. 유아 과학활동 평가 ······ 205

CHAPTER 14 통합적 접근 · 209

1. 주제 중심의 통합적 접근을 통한 과학교육 … 211
2. 자연 · 생태 활동을 통한 과학교육 ·············· 216
3. 요리활동을 통한 과학교육 ························ 228
4. 문학활동을 통한 과학교육 ························ 237
5. 미술활동을 통한 과학교육 ························ 243
6. 일상생활 속에서 일어나는 과학활동··········· 247

참고 문헌_ 252

PART 01

아동과학교육의 이해

01 아동과학지도의 기초

02 아동과학교육의 역사

CHAPTER 01

아동과학지도의 기초

과학은 인간의 모든 인식활동 중 주요한 형태로, 사회분업의 특수한 영역이다. 과학은 유아가 살아가는 주변에 항상 존재하며, 일상생활 가운데 사물을 능동적으로 탐구하면서 과학에 관한 지식을 쌓아 간다. 이 장에서는 과학의 본질과 과학의 구성요소를 구체적으로 다루고자 한다. 더불어 아동과학지도의 목적 및 목표, 아동과학지도의 구체적인 방향을 제시하여 아동과학교육에 대한 이해를 높이고자 한다.

1. 아동과학지도의 성격

1) 과학의 본질

과학은 실험과 같이 검증된 방법으로 얻어낸 자연계에 관한 체계적 지식 체계로(중원문화, 2009), 세계를 탐구하는 인간의 인식활동 및 그 산물이라 볼 수 있다. 과학은 원래 인간이 사회생활을 하면서 자연을 변화시켜 생산하고, 관찰하고, 실험하고, 조사하는 과정을 통해 발전된 것으로, 그 과정에서 얻은 지식을 분석하여 개념과 가설을 만들고, 검증을 통해 인과관계를 명확히 해온 것이다(김승희, 2015). 과학은 자연현상에만 국한된 것이 아니며, 인간의 실천적 활동에서 제기되는 다양한 과제를 이론적으로 해결하기 위한 것이다. 그러므로 과학은 절대적이기보다 지속적으로 변화하고 발전하는 특성이 있다. 즉, 과학은 생활 가운데 발생되는 문제를 해결하기 위해 주변 세계를 판단하고 활용하는 탐구의 과정과 그 결과로 축적된 지식을 말한다.

과학은 인간의 모든 인식활동 중 주요한 형태로, 사회분업의 특수한 영역이다. 원래 과학은 인간이 자연을 변화시키는 생산활동과 사회생활의 과정에서 관찰 · 실험 · 조사 등을 실시하고 이것에 의해 얻은 지식을 정리 · 분석 · 종합하여 개념과 가설을 만들고, 실천을 통해 이를 검증해 온 오래된 학문의 영역이다. 과학은 경험적인 사실에 바탕을 두어야 한다(권재술 외, 2013). 즉, 과학은 경험적인 사실 이전의 전제는 수용하지 않는다. 또한 경험적 사실에 기초하더라도 논리적 체계가 없으면 과학이라고 할 수 없다.

과학은 유아가 살아가는 주변에 항상 존재하며, 일상생활 가운데 사물을 능동적으로 탐구하면서 과학에 관한 지식을 쌓아 간다. 예를 들어, 유아는 목욕을 하면서 거품의 원리를 관찰하고, 물에 뜨는 것과 가라앉는 것의 특징을 발견하고 더 큰 호기심으로 자신의 생각을 넓혀 간다. 이처럼 늘 외부 지각에 대한 감각 경험과 반복되는 행동을 통해 과학적 원리가 적용되면서 유아기부터 어린 과학자로 살아가고 있다. 과학은 실험실에서만 활용되거나 전문 과학자들만의 전유물이 아닌 것이다. 따라서 유아는 일상생활에서 쉽게 접하는 다양한 사물과 사건에 호기심과 흥미를 보이며, 의문을 제기하고 원리를 찾아가면서 과학지식을 습득할 수 있다.

아동과학교육은 인간이 태어나 생활을 유지할 터전인 자연에 대한 탐구를 교육하는 것이다(이순형 외, 2010). 아동과학교육은 단순히 과학지식을 교사가 유아에게 주입하는 것이 아니라 유아가 다양한 활동을 통해 과학적 방법을 습득하고, 적절한 과학적 태도를 형성하도록 도와주는 것이다. 유아의 본질적인 특징은 호기심과 창의성이 뛰어난 것이기 때문에 수동적이기보다 능동적으로 세계를 탐구하는 과학자라고 할 수 있다. 따라서 교사의 역할은 유아의 과학적 성향을 염두에 두고 유아에게 가르칠 내용과 효율적인 방법을 개발하는 것이 필요하다.

이를 위해 교사는 우선적으로 스스로가 과학의 본질을 이해하고, 과학에 대한 편견과 긴장감에서 벗어나는 것이 필요하다. 유아교사 대부분이 과학을 자신과 상관없거나 자신이 과학을 모른다고 생각하면서 실제 교육현장에서 과학교육을 실시하는 데 소극적인 부분이 있다(이은진 · 김정희, 2014). 그러므로 교사가 유아에게 과학을 가르치기 위해서는 과학의 본성을 이해하고 과학에 대한 자신의 관점을 확립하는 것이 요구된다.

2) 과학의 구성요소

(1) 과학지식

과학지식은 세계를 탐구하는 과정에서 얻게 되는 산물로서, 과학교육의 목적과 내용, 교수-학습 방법 등을 결정하는 기준이 된다(김승희, 2015). 과학지식에서 각각의 탐구 영역은 독자적인 지식을 형성한다. 자연과학의 대표적 영역으로 물리학, 화학, 생명과학, 지구과학 등이 있으며, 각 학문 영역은 하나의 독자적인 지식 체계라고 할 수 있다.

표 1-1 과학지식의 체계

지식 체계	내용
물리학	물질들 간의 상호작용에 관한 학문 예) 지구에는 다양한 형태의 에너지가 존재한다.
화학	세상을 구성하는 물질의 성질과 변화에 관한 학문 예) 물질의 화학적 변화는 속성까지 변하여 새로운 물질이 형성된다.
생명과학	다양한 생명체의 구조와 기능 및 생명현상을 설명하는 학문 예) 살아 있는 생명은 물, 산소, 영양분, 적절한 온도를 필요로 한다.
지구과학	지구와 지구를 포함하는 행성 간의 공간에 대한 지식 체계에 대한 학문 예) 지구의 주된 물질은 물과 흙, 화석 연료 등이다.

각 학문은 독자성을 가지고 있지만 자연세계를 연구하는 데 있어 학문 간의 경계를 명확히 구분하기는 어렵다. 현대과학에서는 학제 간 연구가 활발히 진행되고 있는데, 자연과학과 사회과학 간에도 학문적인 교류가 이루어져 간학문 영역에 대한 지식 체계가 형성되고 있다. 그 예로 사회생물학이 있다.

과학지식은 학문의 영역과 상관없이 사실, 개념, 법칙, 원리, 가설, 이론, 모형 등으로 구성되며, 각각은 특정한 의미를 가지고 나름의 역할을 수행하면서 상호 연관되어 있다(권용주 · 남정희 · 이기영 · 이효녕 · 최경희, 2013).

과학적 지식의 형태는 〈표 1-2〉와 같이 분류할 수 있다.

표 1-2 과학지식의 형태

과학지식의 형태	내용
사실	관찰과 측정을 통해 획득한 구체적이고 입증된 정보의 조각. 직접 관찰되고 언제든지 증명될 수 있는 것. 실제로 존재하거나 발생하는 사건들에 대한 기술로, 객관적 확인 가능. 설명 가능한 틀 안에 놓여야만 비로소 의미를 갖게 됨. 과학교육을 통해 유아가 세상에 대해 새로운 사실을 배울 수 있는 활동에 참여하는 것 필요
개념	사실이나 특정한 경험으로부터 일반화된 추상적인 아이디어. 사실에 나타난 관계와 양상을 진술함으로써 사실에 의미를 부여. 복잡한 아이디어를 형성하기 위해 연결될 수 있는 단일 아이디어
법칙	개념들 간의 본질적 · 불변적 관계를 진술한 것으로, 사실에 나타난 반복적인 규칙성을 일반화한 것
원리	몇몇 관련된 개념에 기초한 복잡한 아이디어. 광범위한 과학적 원리는 과학적 법칙이 되고, 영구적으로 절대적 진리로 간주됨(예, 아인슈타인의 상대성 이론)
가설	아직 검증되지 않은 잠정적 추측
이론	법칙과 원리에 근거하여 관찰된 현상을 설명하기 위한 분석 체계. 특정 현상에 대한 설명이 있는 원리들로 구성. 증거를 기초로 적합한 설명을 제공하는 것. 정리된 이론은 설명, 관련짓기, 예측하기 등에 활용 가능함
모형	어떤 사물이나 사건을 적당한 방법으로 실물처럼 나타낸 표상. 추상적이며 복잡한 이론을 친밀하고 단순하게 기술하기 위해 구체적 사물이나 현상을 이용해 표현한 것. 직접 조작하거나 학습하기 곤란한 사물이나 실체의 경우 모형을 가지고 경험을 함(예, 풍선을 띄워보는 활동을 하면서 열기구의 원리를 알아 감). 모델은 복잡하고 추상적인 사물과 사건을 익숙하고 관찰 가능하도록 도움

사람들은 과학지식에 대해 변하지 않는 절대적 진리가 있는지, 아니면 시간이 지남에 따라 새로운 증거나 발견에 의해 변화하기 때문에 잠정적 · 일시적 지식만이 존재하는지에 대해 궁금해 한다. 지금까지 과학의 역사를 살펴보았을 때, 과학지식은 절대적 진리가 아니라 끊임없이 변화하고 수정되면서 발전해 왔음을 볼 수 있다. 예를 들어, 지구가 우주의 중심이며, 다른 모든 천체가 정지해 있는 지구의 주위를 돌고 있다는 학설인 천동설이 우주관으로 천오백 년 이상을 지배하였으나 태양이 우주의 중심이고, 지구가 태양 주위를 돌고 있다는 지동설이 16세기 말 코페르니쿠

스에 의해 대체되었다.

과학지식은 탐구과정과 분리될 수 없기 때문에 학습자의 능동적인 탐구과정을 통해 습득되지 않는 과학지식은 왜곡되거나 편견에 빠질 수 있다. 유아는 발달특성상 구체적인 경험을 통해 지식을 습득하기 때문에 유아에게 탐구과정에 참여할 기회를 다양하게 제공하는 것이 필요하다. 유아는 성인이 가르쳐주지 않아도 주변 세계에서 발생하는 현상과 사건들을 통해 자신의 기존 도식을 이용하여 지식을 구성해간다. 이때 자기중심적인 관점에서 지식을 형성하기 때문에 잘못된 개념형성을 하는 경우가 많다. 예를 들면, "내가 밤길 갈 때 어두워 다칠까 봐 별이 반짝 빛을 내줘요."라고 말한다. 이처럼 과학에 대한 잘못된 지식을 오개념(misconception)이라고 한다.

(2) 과학적 방법

과학적 방법은 보이는 현상의 원리를 찾기 위해 문제를 찾아내고, 관찰하고, 가설을 설정하고, 자료를 수집하고, 실험을 수행하고, 결론을 도출하고, 일반화를 시도하는 등의 과정을 일컫는다. 과학적 방법을 통해 획득한 지식이 학문적으로 인정받기 위해서는 여러 번 반복해서 실험해도 같은 결과가 도출되는 등 검증을 받아야 한다. 특히 과학은 원인이 결과를 필연적으로 발생시킨다는 인과율이 적용되기 때문에(권용주 외, 2013), 일반화로 그치는 것이 아니라 왜 그러한 문제가 발생했는지 의문을 가져야 된다. 유아는 과학적 방법을 사용함으로써 자신이 알고 있는 지식에 의문을 가지고 새로운 아이디어를 수용하거나, 기존 지식과 새로운 아이디어를 혼합하여 복잡한 아이디어를 형성할 수 있다. 이러한 방법을 활용하여 유아는 어휘 변별력과 이해력이 발달되고, 전반적인 학습능력이 진보할 수 있다. 과학적 방법은 〈표 1-3〉과 같이 다양하게 활용된다.

표 1-3 과학적 방법의 유형

과학적 방법	내용	활동 사례
관찰	오감각을 사용하여 사물이나 사건의 특징을 파악하는 것으로, 과학적 방법 중 가장 기본이 되는 활동	나뭇잎의 줄기 관찰하기
분류	사물의 크기, 모양, 색깔, 용도 등의 속성에 따라 나누고 모으는 활동	생물과 무생물 분류하기
측정	대상의 속성을 양적으로 관찰하는 방법으로, 오감각을 사용하거나 표준화 또는 비표준화된 도구를 사용하여 길이, 부피, 무게, 온도, 시간 등을 측정하는 활동	키 재기, 양팔저울로 무게 측정하기
의사소통	언어적 · 비언어적 수단을 활용하여 현상이나 정보를 타인에게 전달하고 이해시키는 활동	견학에서 모은 자료에 대한 발표하기
예측	이미 알고 있는 지식이나 경험을 기초로 미래의 일을 예상하고 검증하는 활동으로, 아직 일어나지 않은 사건을 대상으로 함	경사로에 자동차 굴리기
추론	관찰에 기초하거나 직접 관찰할 수 있는 상태 이상의 의미를 제안하는 활동으로, 이미 일어난 일의 원인을 설명함	발자국 보며 동물 맞추기
실험	예측한 것을 직접 조작해보기 위한 활동으로, 가설과 변인통제를 포함하는 조사활동	물에 녹는 것과 녹지 않는 것 실험하기

(3) 과학태도

태도(attitude)는 자연적 혹은 사회적 환경에서 특수한 대상이나 계급적 대상을 향한 개인의 인지적 · 정서적 · 행동적 지향을 말한다(사회문화연구소, 2000). 개념적으로 태도는 개인의 심리적 과정과 환경 간의 지속적인 관계에서 나오며, 동기나 개인적 특성과는 다르고, 지속적인 특징을 갖지만 특정한 대상이 없다. 사람이나 사물, 사건, 행동, 생각 등을 긍정적 또는 부정적으로 평가하려는 속성을 가진다. 이러한 태도는 개인과 환경 사이의 지속적인 관계를 통해 후천적으로 학습되는 것으로, 개인은 과거부터 현재까지의 다양한 경험이나 타인과의 상호작용, 대중매체 등을 통해 태도를 형성한다. 과학에서 태도가 중요 역할을 하는 이유는 세계에 대한 관심과 호기심을 유발할 수 있는 동기와 연관되어서이다. 즉, 과학에 대한 긍정적인 태도를 형성하면 사물이나 사건, 현상 등에 궁금증을 가지고 환경과 적극적으로 상호작용하여 과학지식을 형성할 수 있다.

과학태도를 구성하는 요소는 호기심, 적극성, 솔직성, 객관성, 개방성, 비판성, 판단유보, 협동성, 끈기성 등으로 볼 수 있다(김승희, 2015). 유아는 대체로 긍정적인 과학태도를 가지고 있으나, 유아의 긍정적인 과학태도가 연령이 증가함에 따라 변화하기 때문에 주변 사람들과의 관계 속에서 지속적으로 발전시켜 나가는 것이 중요하다.

과학적 태도가 과학학습에 미치는 영향

① 알려고 하고 이해하려고 하는 열망
② 모든 사물에 대해 의구심 갖기
③ 자료와 그것들의 의미를 탐색하기
④ 입증하려는 욕구
⑤ 논리 존중
⑥ 가정과 인과관계에 대한 생각 나타내기

출처: 권영례(2016).

마틴(Martin, 2001)은 과학에서의 태도를 〈표 1-4〉와 같이 정서적 태도와 지적 태도로 분류하고 있다(권영례, 2016).

표 1-4 아동의 태도

정서적 태도	지적 태도
학습과 새로운 경험 획득을 위한 아동의 자연스러운 호기심으로부터 아동들이 그것을 더 계발시키도록 격려할 수 있다. • 많은 호기심 갖기 • 인내심 • 실패에 대한 긍정적인 접근 • 개방성 • 타인과의 협력	아동의 긍정적인 학습경험으로부터 더 계발시키도록 격려할 수 있다. • 믿을 만한 정보의 근원에 대한 요구 • 의구심: 증명된 견해를 보여 주고 그것에 대한 대안을 가지려는 욕구 • 증거가 제한적일 때는 광범위한 일반화를 피하기 • 다른 사람의 주장, 설명, 견해에 대한 관용 • 모든 증거 또는 정보가 발견되고 조사될 때까지 판단을 유보하려는 의지 • 미신에 대한 믿음이나 입증되지 않은 주장의 수용을 거부하기 • 변화에 대한 증거가 주어졌을 때 마음을 바꾸는 개방성과 자신의 아이디어에 대한 의구심

(4) 과학자

과학자는 연구를 통해 과학지식을 탐구하는 사람으로, 과학의 핵심적 구성 요소이다(조희형 · 김희경 · 윤희숙 · 이기영, 2014). 전통적 의미의 과학자는 풍부한 과학지식과 자연에 대한 순수한 호기심을 가지고 끊임없이 과학지식을 갈망하며, 스스로 자연을 탐구할 수 있는 사람이다. 그러나 현대적 의미의 과학자는 사회 구성원으로서, 연구 윤리에 따라 연구 활동을 수행하며, 연구 결과에 대해 책임을 지는 사람이다(권용주 외, 2013).

과학자의 태도

- 자연현상에 대한 관심과 의문을 가져야 한다.
- 객관적이고 논리적인 사고를 해야 한다.
- 다른 사람의 의견을 받아들일 수 있는 개방적인 사고를 해야 한다.
- 창의적인 사고로 문제를 해결하려는 탐구적인 자세와 인내력을 가져야 한다.
- 연구 결과가 사회에 미치는 영향을 고려하고, 환경 문제나 도덕적인 문제 등에 대해 윤리적인 자세와 책임 의식을 가져야 한다.

출처: 네이버 지식백과(http://terms.naver.com/entry.nhn?docId=3343458&cid=47341&categoryId=47341).

과학자가 하는 일

연구 활동, 사회 활동, 지식 전달 등을 하며, 과학의 원리를 응용하는 분야에서 일한다.

연구 활동
예) 훅은 현미경으로 코르크를 관찰하여 세포를 발견하였다.

사회 활동
과학 정책 수립에 관여한다.

지식 전달
학생들에게 과학지식을 가르친다.

지질 탐사
실험실 밖에서도 연구 활동을 한다.

로봇 제작
과학의 원리를 응용하여 새로운 기술이나 제품을 개발한다.

출처: 네이버 지식백과(http://terms.naver.com/entry.nhn?docId=3343458&cid=47341&categoryId=47341).

2. 아동과학지도의 목적 및 목표

아동은 자연세계에 대한 관심과 호기심을 타고났지만 이것들이 지속적으로 발달하기 위해서는 사회적인 교육이 필요하다. 아동의 과학적 소양은 스스로 형성하는 것이 어렵기 때문에 교육이 필요하다. 과학적 소양을 기르는 것에 의해 아동은 과학적 이해와 판단에 근거해서 합리적인 의사결정을 하고, 과학을 인간과 자연, 사회와 연결하여 사고할 수 있다(김승희, 2015). 아동이 과학적 소양을 기르기 위해서는 다양한 문제를 접하고, 여러 관점에서 문제를 살펴보고, 문제 해결을 위한 여러 가지 시도를 할 수 있는 기회를 가져야 한다. 이러한 기회는 교육을 통해 얻을 수 있기 때문에 교사는 과학교육의 목적과 목표를 세우고 아동에게 과학을 가르쳐야 한다.

1) 아동과학지도의 목적

아동과학지도의 목적은 아동이 과학적 방법을 통해 과학지식을 습득하고 과학적 태도를 형성하도록 하는 것이다. 즉, 아동이 자신을 둘러싼 주변에 대한 호기심을 가지고, 과학적 방법에 필요한 능력을 습득하며, 과학지식을 실제 상황에 적용할 수 있도록 돕는 것이 아동과학지도의 목적이 된다. 이때 교사는 아동이 과학에 대한 흥미와 호기심을 가지고 스스로 감각을 이용하여 주변 세계의 여러 현상과 사물을 탐색하고 이해하도록 도와주는 역할을 해야 한다. 따라서 아동과학지도는 아동이 알고 싶어 하는 것에서 시작하여, 과학적 소양을 길러줄 수 있는 환경제공이 중요하다.

홀트(Holt, 1990)는 아동과학교육의 목적을 '아동으로 하여금 과학 하는 과정에서 사물의 특징을 이해하고, 자연현상에 적응하며, 현재의 생활은 물론 장래의 생을 즐길 수 있게 한다.'고 함으로써 아동의 과학적 특성과 함께 인지적인 면과 정의적인 면을 강조하고 있다. 그러므로 아동의 일상생활을 통한 과학 경험은 미래의 과학 발달을 성취할 수 있는 중요한 요소가 되기 때문에 아동과학교육에서는 과학에 대한 긍정적인 태도를 발달시킬 필요가 있다(이기현, 2010).

이처럼 아동과학지도는 아동이 자신의 삶을 긍정적으로 변화시킬 수 있는 과학적 태도와 과학적 탐구능력을 함양시키는 것이 목적이기 때문에, 교사는 아동이 일상생활에서 겪는 모든 현상에 대해 관심을 가지고 탐구하도록 돕는다. 아동이 생활 속에서 과학적 요소를 찾고, 자신이 알고 있는 법칙을 일상적으로 적용할 수 있도록 유아의 주변과 일상생활을 가치 있게 여겨야 한다. 또한 아동과학지도는 신체적 조건, 나이와 성별, 가족배경, 사회문화적 배경, 과학에 대한 포부나 동기에 상관없이 현재보다 높은 수준의 과학적 소양을 성취할 수 있어야 한다. 더불어 아동에게 나타나는 개인차를 고려하여 탐색행동이나 문제제기, 활동수준 등의 개별 특성을 존중하는 가운데 다양한 교수학습방법을 활용해야 한다.

과학교육의 가치

① 주변 세계와 자연현상에 대한 호기심을 가지고 탐구함으로써 자연에 대한 이해력을 신장시킨다.
② 사회에서 발생하는 과학적 쟁점에 대한 의사결정에 필요한 정보를 제공한다.
③ 환경과 공학 및 에너지 등과 같은 사회문제에 대한 논의를 위한 과학적 식견을 가지고 능동적으로 참여한다.
④ 객관적 증거와 세심한 추리에 바탕을 둔 조사·탐구방법에 익숙해진다.
⑤ 과학적 사고와 탐구활동을 통해 질문에 답하고 만족감을 갖고 희열을 느낀다.

출처: 윤미승(2015). 재인용.

2) 아동과학지도의 목표

아동과학지도의 구체적 목표는 다음과 같다.

첫째, 일상생활에서 접하는 사물과 현상에 대한 아동의 호기심을 발달시키는 것이다. 호기심은 어떤 것의 존재나 이유에 대해 궁금해 하고, 알려고 하며, 숙고하는 태도나 성향 또는 항상 생동감 있게 주변의 사물에 대해 의문을 갖고 끊임없이 질문을 제기하는 태도나 성향이다(한국교육심리학회, 2000). 호기심이 있는 사람은 주변의 현상에 대해 '왜 그럴까?' 또는 '무슨 일일까?' 하는 질문을 의식적으로 제기하고, 그 질문에 대한 답을 찾으려고 한다. 호기심은 자발적으로 지식을 습득하고, 사고하고, 행동하는 데 많은 영향을 미친다. 주변 세계에 대한 아동의 호기심과 흥미가 없다면 과학활동에 대한 아동의 능동적 참여는 기대하기 힘들다. 아동이 주변의 사물에 의문을 가지고 질문하고 탐구할 때, 아동은 능동적으로 과학지식을 습득하고, 과학적으로 사고할 수 있다. 아동의 호기심을 과학적 탐구로 발전시키기 위해 아동과학지도를 통해 풍요로운 환경과 다양한 교수-학습 방법을 활용하는 것이 필요하다.

코란과 론기온(Koran & Longion, 1982)의 유아의 호기심을 유도하는 방법

첫째, 호기심을 자극하기 위해 다양하고, 새롭고, 변화 있고, 모순된 사건을 적극 활용한다.
둘째, 유아에게 책, 잡지, 신문, 퀴즈, 조작할 수 있는 사물을 제공한다.
셋째, 유아의 수업을 미리 계획된 활동으로 진행하기보다는 흥미 있어 하는 주제를 다룬다.
넷째, 호기심을 느끼고 스스로 학습할 수 있는 과학학습 영역을 구성한다.
다섯째, 유아가 질문하고 호기심 있는 행동을 나타낼 때, 보다 넓은 범위에서 사물이나 사건에 대해 탐색하는 행동을 보일 때 인정하고 보상한다. 유아가 어떤 대상에 대하여 호기심을 보일 때 격려한다.
여섯째, 유아를 위해 적절한 모델이 되어 준다.
일곱째, 부모는 자녀가 경험해야 하는 새롭고 복잡한 사물이나 사건을 제공하고 나서 자녀의 모델로서 행동할 수 있도록 격려한다.

출처: 이기현(2010).

둘째, 아동의 과학적 탐구능력을 신장시키는 것이다. 조사하기, 발견하기, 실험하기, 관찰하기, 정의하기, 비교하기, 관련짓기, 추론하기, 분류하기, 의사소통하기 등의 과학의 과정은 사고의 성숙에 기여한다. 이러한 과정을 수행하기 위해서는 다양한 능력이 요구된다. 돋보기나 자, 온도계와 같은 도구를 다룰 수 있어야 하며, 비교하고 분류하기 위한 지각 능력이 필요하다. 또한 소집단으로 아동이 함께 실험을 수행하면서 아동은 자신의 의견을 제시하고, 다른 아동의 아이디어에 귀 기울이며, 서로 아이디어를 교환하기 위한 의사소통능력이 필요하다. 과학적 방법으로 문제를 해결하는 능력을 계발함으로써 아동은 과학활동에 더 주도적으로 참여할 수 있으며, 과학활동 과정 자체를 즐기며 과학지식을 습득할 수 있다(김승희, 2015).

셋째, 사회적 기능을 발달시키는 것이다. 생활 속에서 이루어지는 활동은 여러 명이 관계를 맺으면서 진행되는 경우가 많다. 아동은 다른 사람의 도움이 필요하다는 사실을 발견한다. 발견을 공유하는 것은 과학적 기능을 활용하는 것이다. 과학 주제는 사회적 성장을 돕는 독특한 방법을 제공한다. 균형, 조화, 협동과 상호 의존의 개념은 자연스러운 탐구에서도 발견될 수 있다(권영례, 2016).

넷째, 아동의 문제해결능력을 향상시키는 것이다. 즉, 과제를 수행함에 있어 문제상황이 발생했을 경우, 창조적이고 논리적인 사고를 통하여 이를 올바르게 인식하고 적절하게 해결하는 능력을 발달시키는 것이 아동과학지도의 목표 가운데 하나이다. 단순히 과학지식을 많이 습득하는 것이 아니라 과학적으로 사고하고 창의적으로 문제를 해결할 수 있어야 하는 것이다. 그러므로 아동을 대상으로 한 과학교육은 아동 스스로 문제를 제기하고, 능동적으로 문제를 해결하고, 생활 속에서 과학지식을 활용하는 데 중점을 두어야 한다. 아동이 어떻게 관찰하고, 어떻게 창안하고, 그 새로운 생각을 어떻게 구성하는지에 초점을 두고 과학 수업이 이루어져야 한다.

다섯째, 정서적인 안정감을 준다. 특정한 대상에 대한 두려움은 그 대상을 보다 주의 깊게 통제된 탐구를 하면서 감소될 수 있다. 아동은 개인적으로 특정 동물과 천둥 등의 자연현상, 어두움 등을 두려워하고 낯선 기계에 놀라기도 한다. 아동의 상태에 따라 교사는 적절하게 도와주고, 지지해 주고, 정보를 주고, 견학 등의 과학활동 기회를 주는 것을 계획하여 환경에 대처하도록 해야 한다. 과학이 두려움을 완화시키기도 하지만 경계심 또한 가르쳐야 한다. 교사는 어떤 대상이 위험하다는 것에 대한 주의 깊은 감정을 실제로 지지해야 한다. 주의는 지식과 경험을 기초로 하는데, 이는 안전을 위한 중요한 교수기능이 된다. 타당한 주의는 건강, 안전, 생존을 위해 필수적이다.

여섯째, 아동의 비판적 사고 능력을 향상시키는 것이다. 이 능력은 어떤 사태에 처했을 때 감정 또는 편견에 사로잡히거나 권위에 맹종하지 않고 합리적이고 논리적으로 분석 · 평가 · 분류하는 사고과정이다(서울대학교 교육연구소, 1995). 객관적 증거에 비추어 사태를 비교 · 검토하고 인과관계를 명백히 하여 여기서 얻은 판단에 따라 결론을 맺거나 행동하는 과정을 말한다. 교사는 아동이 과학교육을 받으면서 주변생활과 사회현상에 대해 순응하는 것이 아니라 발상의 전환과 비판적인 문제제기를 할 수 있도록 개방적인 분위기를 조성하는 것이 필요하다.

3) 아동과학지도의 방향

아동은 선천적으로 지적 호기심과 사물에 대해 흥미를 가지고 있는 타고난 과학자이다. 아동은 주변의 변화에 적응할 수 있는 능력을 자연스럽게 갖추고 있으므로 이들에게 과학은 생활이며 놀이이다. 아동에게는 이미 '과학적 소양의 씨'가 있다는 것이다(이기현, 2010). 이와 같은 과학적 소양을 기르기 위한 과학교육의 방향에 따라 미국 과학진흥협회(American Association for the Advancement of Science, 1989)는 Project 2061을 발표하였다. Project 2061에서는 교사교육의 확산, 기술교육, 과학교육 기회의 확대, 통합적 교육과정으로 직접적인 조작을 통한 과학활동이 유아의 정신적 조작과 연계되어 실제로 과학적 사고과정이 이루어질 수 있도록 교육이 전환되어야 함을 강조하였다.

Project 2061에 제시한 아동과학교육은 아동의 일상생활 문제와 연관된 내용을 강조하는 교육에 중점을 두고 있다. 즉, 학교에서 배운 과학 또는 기술적 지식이 각

개인에게 더 가치 있게 사용될 수 있도록 함으로써 그들 자신의 행동을 향상시키고 미래의 시민으로서 발전된 기술사회에 책임 있게 행동할 수 있도록 한다는 것이다.

우리나라는 2007년 개정 과학과 교육과정부터 과학적 소양이 과학교육의 목표임을 명시하고 있으며, 유아를 대상으로 한 유아과학교육을 위해 국가수준의 교육과정인 누리과정의 자연탐구영역을 중심으로 지원하고 있다(교육과학기술부 · 보건복지부, 2013). 그 하위내용으로는 '탐구하는 태도 기르기'와 '과학적 탐구하기' 내용을 제시하고 있어 과학적 지식을 가르치기보다 과학적 탐구와 태도가 강조되고 있으며, 이를 통한 일상생활에서의 문제를 해결하는 능력으로 이어지는 과학적 소양 함양에 중점을 두고 있다.

이를 토대로 과학적 소양을 갖추기 위한 유아과학교육의 방향을 이경민(2013)이 제안한 것들을 중심으로 제시하면 다음과 같다.

(1) 교육목표가 탐구중심이어야 한다

이는 유아기 과학교육이 '과정으로서의 과학' 그 이상이어야 함을 의미한다. '과정으로서의 과학'은 유아가 관찰하고, 추론하고, 실험하는 등 과정기술을 배우고 익히는 활동에 국한되기 쉽다. 과학 학습의 중심은 탐구이며 여기에서의 탐구는 '과정으로서의 과학' 이상의 것을 의미한다. 탐구는 '과학의 과정들'을 포함하는 것으로, 유아가 과정과 지식을 결합하여 과학적으로 추론하고 비판적으로 사고함으로써 과학에 대한 이해를 함양하는 것이다. 탐구활동을 하는 유아는 사물과 사건을 기술하고, 문제를 제기하고, 설명을 구성하고, 현재의 과학지식에 비추어 그러한 설명을 점검하고, 자신의 생각을 다른 사람들과 함께 나눈다. 또한 문제를 찾아내고 비판적으로 사고하며, 대안적인 설명을 고려한다. 이러한 과정에서 유아는 과학적 추론능력, 사고 기능을 결합하여 과학을 능동적으로 이해한다. 이처럼 유아기 과학교육은 단순히 과학활동의 과정을 경험하거나 즐기는 것을 넘어서는 탐구과정이 되도록 해야 한다.

(2) 교육과정이 유동적이어야 한다

교육과정을 구성하고 결정할 때는 학습자가 중심에 있어야 한다. 그러기 위해 교사의 의도에 의해 확정되고 고정된 교육과정이 아니라 학습자의 흥미와 요구에 따라 조정되고 변화되는 교육과정이어야 한다. 유아가 갖고 있는 질문과 생각을 기반으로 유아의 흥미, 지식, 이해, 능력, 경험에 적합한 교육과정을 설계하고 적용하여야 한다. 또한 단편적인 활동보다는 주요 개념을 중심으로 한 탐구를 통해 깊이 있는 학습이 가능하도록 학습내용을 정교하게 구성할 필요가 있다. 단편적인 지식이나 정보들을 많이 학습시키기보다는 학습자에게 의미 있는 주제들을 깊이 탐구하는 것이 더 적절하다는 것이다. 따라서 교사는 계획된 교육과정을 실행하는 차원을 넘어 유아의 흥미와 요구가 반영될 수 있도록 유동적인 교육과정을 운영하여야 한다. 단편적인 활동 위주에서 탈피하여 유아의 발달단계에 적합하고, 통합적인 교육과정을 운영해야 한다.

(3) 교육내용은 생활 중심이어야 한다

유아는 자신의 주변 세계에 대한 호기심을 바탕으로 탐구하려는 태도를 가지고 생활 속에서 과학과 관련된 문제를 인식하여 해결하며, 새로운 것을 창조하는 과정을 거칠 때 과학적 개념이나 지식을 자연스럽게 습득한다. 유아에게 의미 있는 학습은 과학의 내용을 유아의 친숙한 생활 주변에서 찾고, 과학적 사실이나 중요한 법칙도 유아의 상상력의 범위 내에서 경험과 조직이 가능한 것으로 구성하여 자신이 살고 있는 세계에 대해 배울 수 있는 기회를 제공해 주어야 한다. 과학 내용을 조직할 때는 유아의 생활에서 가까운 것에서 먼 것으로, 쉬운 것에서 어려운 것으로, 흥미로운 것을 중심으로 조직해야 한다. 즉, 유아기 과학교육은 유아가 자신의 주변 세계에 대한 인식을 높여 갈 수 있도록 유아 생활에 중심을 둔 내용으로 진행하여야 한다.

(4) 학습과정이 능동적이어야 한다

과학활동은 능동적 과정(National Research Council: NRC, 2000)이므로 유아 스

스로 생각하고 활동하는 과정에 역점을 두어야 한다. 과학활동은 학습자를 위해 누군가가 해 주는 것이 아니라 학습자 스스로 하는 것이다. 따라서 학습자는 지식의 능동적 구성자이다. 유아는 스스로 자신이 궁금해 하는 것들에 대한 답을 찾기 위해 여러 가지 다양한 방법으로 탐구하고 다른 사람들과 아이디어를 교환하고 상호작용하면서 지식을 형성해 간다. 그러므로 교사가 유아의 과학활동을 격려하기 위해서는 유아의 흥미에 기초하여 유아가 직접적, 능동적, 즉각적으로 참여하도록 도와주어야 한다. 방법적인 측면에서 유아에게 제공되는 과학 경험은 유아의 관심을 끄는 주변의 모든 현상과 사건들을 직접적으로 과학활동으로 연결시킬 때 가장 효과적이다. 여기에서 과학을 활동으로 연결시킬 경우에는 과학의 과정과 태도, 내용을 중심으로 총체적 과학으로의 활동을 구성해야 한다. '능동적 과정(active process)'이라는 용어는 신체적 활동과 정신적 활동을 함께 일컫는 말로 '손으로 하는 활동(hands-on activity)'과 '정신적인 경험(minds-on experience)'이 모두 포함되어야 한다. 유아가 편안한 마음으로 자신의 아이디어를 표현할 수 있는 환경을 만들어 주어야 한다.

(5) 평가는 실제적이어야 한다

유아에 대한 평가는 궁극적으로 개별 유아에 대한 이해를 높이고 유아의 전인적인 발달에 도움을 줄 수 있도록 하기 위해 실시하는 것이다. 과학교육에서도 마찬가지이다. 따라서 유아를 평가할 때는 성취 중심의 결과평가보다는 변화과정을 진술하는 평가여야 하며(교육과학기술부 · 보건복지부, 2013), 교수학습의 상황에서 함께 이루어지는 것이 바람직하다는 점을 고려할 때 실제적이며 과정 중심적인 수행평가가 이루어지는 것이 바람직하다(Koch, 2010). 유아는 수행평가를 통해 자신의 과학적 이해에 대한 피드백을 스스로 받을 수 있으며 교사는 유아들이 얼마나 잘 학습하고 있는지에 대한 피드백을 받을 수 있다(National Research Council: NRC, 1996). 효과적인 수행평가를 위해서는 관찰, 과학저널과 그림 등을 통한 활동 결과물 분석, 과학 포트폴리오 등 다양한 방법을 활용하여 평가하는 것이 바람직하다.

더불어 유아과학교육은 전인발달을 촉진시켜야 한다. 미래학자들은 제4차 산업혁명 시대의 인재에게 필요한 능력으로, 상황맥락지능, 정서지능, 영감지능, 신체지능을 꼽는다. 상황맥락지능이란 새로운 동향을 예측하고 단편적인 사실에서 결과를 도출해 내는 능력과 자발성을 말한다. 더불어 끊임없이 변화가 일어나는 세상에서 정서지능이 높은 리더가 각광받는 시대가 올 것이라 강조한다. 영감지능은 의미와 목적에 대해 끊임없이 탐구하는 능력이다. 마지막으로 신체지능은 개인의 건강과 행복을 가꾸고 함양하는 능력을 가리킨다. 이 네 가지 핵심 역량은 창의성과 인성, 감성교육에 힘써야 한다는 의미이다. 과학교육도 인지적인 측면에만 국한된 것이 아닌 유아교육의 궁극적 목적인 전인발달에 기여할 수 있어야 한다.

현대과학을 움직이는 힘: 인공지능(AI: Artificial Intelligence)

인간의 인식, 판단, 추론, 문제 해결, 그 결과로서의 언어나 행동 지령, 더 나아가서는 학습 기능과 같은 인간의 두뇌 작용을 이해하는 것을 연구 대상으로 하는 학문 분야이다. 궁극적으로는 두뇌의 기능을 기계로 실현하는 것을 목적으로 하는데, 세 가지 분야로 크게 나눌 수 있다.

① 외계 정보의 인식에 관한 분야 : 시각에 의한 2차원 패턴의 인식, 3차원 세계의 인식, 음성의 인식, 언어의 인식 등을 연구한다. 이들은 지식과 추론규칙을 사용한 검색에 입각해서 이루어지며, 화상 이해, 로봇 비전, 음성 이해, 자연언어 이해의 분야를 구성한다. 이들과 쌍을 이루는 음성 합성, 문장 생성, 로봇의 행동 계획 등, 생성과 행동에 관한 분야도 이 범주에 들어간다.

② 지식의 체계화 : 각종 사실로서의 지식을 어떠한 형식으로 컴퓨터에 기억시키는가 하는 지식 표현 문제, 추론규칙으로서의 지식을 어떠한 형식으로 만들어서, 입력되는 정보와 사실 지식에서 추론규칙을 작용시켜서 희망하는 결론을 얻느냐 하는 검색 문제, 정리 증명 등 주어진 문제를 푸는 순서를 발견하는 문제 해결 등을 다루는 분야이다. 시행착오적 검색이 중심이 된다. 검색을 효율적으로 행하기 위해 절대 확실하지는 않지만 대부분의 경우에 성립하는 휴리스틱한 지식을 사용한다.

③ 학습에 관한 분야 : 외계로부터 정보를 얻어서 사실 지식을 축적하여, 추론규칙을 자가형성 하는 방법을 명백히 하고, 더 나아가서는 몇 가지 지식의 구조가 그 어떤 의미에서 유사하다는 것을 검출해서 이들을 통합하는 메타 지식을 형성해 가는 방법을 연구한다. 이것은 컴퓨터상의 모델에 의한 심리학적 연구, 또는 인지과학에 있어서의 인지 시스템의 연구로 간주할 수 있다.

출처: 컴퓨터 정보용어대사전(http://100.daum.net/encyclopedia/view/156XX52205815).

인공지능이 등장하는 영화

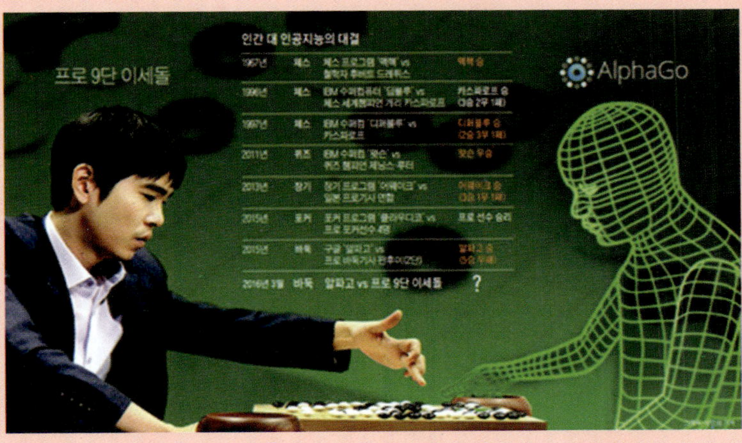

이세돌과 알파고의 바둑대결

출처: 네이버 블로그(http://blog.naver.com/llsh0834/220646105749).

CHAPTER 02

아동과학교육의 역사

이 장에서는 우리나라의 유아과학교육에 영향을 끼친 미국을 중심으로 과학교육 변천 과정을 조망하고, 1969년 유치원 교육과정의 제정에서부터 2013년 누리과정까지 유아과학교육과 관련된 부분을 제시하고자 한다.

1. 미국 아동과학교육의 발달과정

미국의 아동과학교육의 발달과정을 현대 과학의 시작(1860~1940년대), 과학교육의 개혁기(1950~1970년대), 아동과학교육의 현대적 동향(1980년~현재)으로 나누어 볼 수 있다.

1) 현대 과학의 시작(1860~1940년대)

미국의 현대 과학의 출발은 19세기 후반부터이다. 이 시기 초등과학 교육과정에는 자연학습과 초등과학의 두 가지 대립되는 접근방법이 있다.

첫 번째, 자연학습은 자연에 대한 사랑을 발달시킬 수 있도록 돕는 것에 초점을 둔 아동 중심적인 교수방법이 강조되었다. 교육 내용은 식물, 동물, 생태학이 있었으며, 지역사회 환경이 강조되었다. 자연연구운동(Nature-Study Movement)은 진보주의적인 성향으로 전인교육과 관련이 있었으며, 과학을 예술, 언어, 문학 등과 통합된 부분으로 간주하여 학제 간 접근을 하였다(한유미, 2013). 자연학습은 현대의 환경교육운동(Environmental Education Movement)과 같은 맥락이다. 고전적인 자연연구는 1890년대에서 1910년까지 전국의 초등학교에서 기초 과학 프로그램으로 이용되었다.

두 번째, 초등과학운동(Elementary Science Movement)은 초등과학 교과과정에 생명과학, 물리학 등 폭넓은 분야를 포함시켰다. 유치원에서 8학년까지 연속된 프로그램이 만들어졌으며, 초등과학의 내용은 부모와 교사에 의해 각 학년에서 중요하다고 생각한 개념이나 원리들로 개발되었다. 초등과학은 학년이 높아질수록 추상적인 내용을 다루고 있었다. 1920년대 이후의 시기는 전쟁으로 인하여 정치 · 경제적 측면에서 격동의 시기였고, 기술이 급격히 발전한 시기였다. 초등학교 과학교과

과정은 상품화된 교과서를 교재로 한 '과학책 읽기' 프로그램이었다(권영례, 2006). 산업사회가 요구하는 능력을 습득하기 위해 과학정보 읽기가 활기를 보였고, 조직화된 과학정보의 적용을 강조하였다. 직접적인 체험학습을 통한 발견보다는 실용적인 과학기술을 중점으로 두었다. 모든 학년에 교과는 전형화되었고, 새로운 과학발달의 내용이나 결과가 추가로 교과서에 제공되지는 않았다.

이후 진보주의 교육운동은 실험학교를 탄생시켰고, 학교에서의 과학교육은 아동이 자연현상을 직접 경험하고 과학을 아동의 정서적 · 신체적 복지뿐 아니라 통합적인 교육과정에 연결시킬 수 있는 기회가 되었다. 1930년대에는 과학교육에 영향을 끼친 보고서가 발간되었다.

그중 하나는 1932년 전국교육연구학회(National Society for the Study of Education)의 「과학교수 프로그램(*A program for science teaching*)」이다. 이 보고서는 아동과학교육의 내용이 그들의 일상생활과 관련된 것이어야 하며, 교과목의 효율적 가치는 아동의 흥미와 복지의 충족 정도에 따라 평가해야 한다고 주장하였다. 과학교수는 사실 전달 이상을 의미하며, 관찰, 실험, 가설설정 과정에 아동이 능동적인 학습자로 참여해야 함을 제안하였다.

둘째는 1938년 진보주의 교육연합(Progressive Education Association)이 출판한 「일반 교육에서의 과학(*Science in general education*)」이다. 이 보고서에서도 아동의 심리와 욕구를 기초로 한 프로그램을 제안하였고, 과학과 일상생활 간에 유의한 상관성이 있음을 강조하면서 다음과 같이 과학의 목적을 제시하였다(한유미, 2013).

진보주의 교육연합에서 제시한 과학의 목적(1938년)

- 아동의 사고능력을 계발하기
- 과학을 정보와 구별하여 이해하게 하기
- 문제해결에 유용한 태도나 성향을 계발하기
- 문제해결과 관련된 특정 기술이나 능력을 계발하기

2) 과학교육의 개혁기(1950~1970년대)

미국은 2차 세계대전 이후 과학기술은 엄청난 속도로 발전하였지만 이러한 요구를 충족할 만큼 과학자를 충분히 배출하지 못하고 있다는 사회적인 불안감이 조성되어 있었다. 1950년 설립된 미국과학재단(The Science Foundation)은 과학기술 인력이 부족하고 고등학교 과학교육과정이 과학 기술의 급속한 변화에 적합하지 않음을 지적하면서, 진부한 교과서를 바꾸어야 하며 과학교사에게 과학연수를 받게 하여 과학교수방법을 향상시켜야 한다고 주장하였다.

이러한 가운데 스푸트닉 쇼크라 불리는 1957년 소련의 인공위성 발사는 미국의 학교 내 과학교육의 개혁에 결정적인 영향을 미친 원인이 되었다. 생활 중심 교육과정은 비체계적이라는 비판을 받았고, 학문 중심 교육으로 과학교육운동이 생겼다. 또한 과학교육학회가 설립되었고, 과학자, 교육학자, 심리학자, 교사 등이 교육과정 개발에 함께 참여하였다. 이들이 개발한 프로그램은 시범에 의한 실험보다는 직접적인 실험에 초점을 둔 활동으로 구성되었고, 교사용 안내서도 발간되었다.

특히 피아제(Piaget)와 브루너(Bruner)의 인지이론은 "연령에 관계없이 유아의 인지발달단계에 맞는 주제라면 어떠한 주제든 효과적으로 가르칠 수 있다."는 주장을 하였는데, 이는 유아과학 교육과정을 변화시켰다(이기현, 2010).

1960년대 초반에 과학교육에 대한 관심이 증가하고 인지발달에 대한 연구가 활발해지면서 초등과학교육에 대한 지원을 강화시켰으며, 유 · 초등과학교육에 재정적 지원이 강화되어 500여 종의 과학교육 프로그램이 개발되었다. 이러한 프로그램은 대개 피아제, 브루너, 가네(Gagne) 등의 이론에 기초하고 있는데, 현재까지 사용되는 대표적인 것으로는 Science Curriculum Improvement Study(SCIS), Science · A Process Approach(SAPA), Elementary Science Study(ESS) 등이 있다.

표 2-1 과학교육의 개혁기의 유아 및 초등 과학프로그램의 예

프로그램	Science Curriculum Improvement Study(SCIS)	Science · A Process Approach(SAPA)	Elementary Science Study(ESS)
연도	1961	1963	1963
연구기관	켈리포니아대학교	미국과학진흥협회	미국교육개발센터
대상	K-6	K-8	K-8
교육목적	• 기본 과학 개념의 이해, 과학적 소양과 합리적 사고의 증진 • 사물의 근본적인 개념을 발견, 창조하는 방법 습득, 과학적 능력과 지적 발달 자극	• 과학과정을 적용할 수 있는 기술 습득 • 과학활동 과정을 인식하고 탐구과정의 능동적 참여	• 주변 환경에 대한 지식과 통찰력 증진 및 즐기기 • 합리적 사고, 조작하기, 의사소통, 개념 이해, 긍정적 과학태도 기르기, 전인발달 촉진
내용	물리과학과 생명과학 내의 9개 주제 예) 색깔, 모양, 질감, 냄새, 소리, 크기, 양, 위치, 생물체	물리과학과 생명과학을 통합한 개념으로, 각 수준마다 15개 단원으로 총 105개의 단원이 위계적으로 구성 예) 관찰, 분류, 수, 측정, 공간	물리학, 생물학, 지구과학, 수학을 포함한 56개 단원 예) 올챙이, 나비, 콩의 한 살이, 햇빛과 그늘
교수전략	탐구 → 개념 → 적용	도입 → 교육활동 → 일반화	사전실험 → 도입 → 교육활동 → 일반화
주요 특징	• 피아제의 인지이론에 기초 • ESS의 개방성과 SAPA의 위계성 간의 균형	• 가네의 행동주의에 기초 • 고도로 구조화된 위계형식	• 피아제, 브루너, 헌트(Hunt) 등의 이론에 기초 • 구조화 취소, 융통성 최대 • 아동 중심적

1970년대 중반 성취도 검사 점수 저하와 학업능력 향상에 대한 부모들의 요구에 의해 과학교육 개선 프로그램은 비판을 받게 되고, 기초로의 회귀 운동(back-to-basic)

이 등장하였다. 그 결과, 탐색적 학습에서 공식을 암기해 풀거나 지필식(paper & pencil) 학습으로 회귀하는 현상이 발생하였다. 이를 통해 많은 선택 과목들이나 열등생의 자동 진급 문제에 대한 문제제기가 있었으며, 학생들이 좋아하는 쉬운 과목들이 비판을 받고 어려운 교과목들이 강조되었다. 교육의 초점은 '기초'에 있었고, 학교는 기초 기술에 집중해야 한다는 주장이 두각을 보였다. 그 결과 과학교육에 비해 읽기, 수학, 의사소통 등의 학업의 기초 기술을 가르치는 것을 우선시하였다. 이 시기, 1970년대 후반에 대표적인 유아과학교육 프로그램인 까미(Kamii)와 드브리스(Devries)의 물리적 지식 활동 프로그램(Physical Knowledge Activities: PKA)이 개발되었다.

3) 아동과학교육의 현대적 동향(1980년~현재)

(1) 「*A national at risk*」 보고서

1983년 미국 내에서는 세계 경제에 대한 경쟁력의 우려에 따라 「*A national at risk*」 보고서가 제출되었다. 이 보고서는 학업성취도 점수의 국제 간 비교와 미국 학생들의 SAT 점수하락 자료를 제시하면서, 미국이 과학, 기술, 상업, 공업 분야에서 다른 나라에게 뒤처질 수 있음을 예측하였다. 이 주장은 과학교육에 많은 영향을 미쳐 여러 주에서 졸업조건으로 과학에 대한 비중을 높이는 법이 통과되었고, 과학 실험활동 시간이 증가되었다.

(2) 국립과학위원회의 「*Educating Americans for the 21st Century*」 보고서

국립과학위원회(National Science Board)에서는 「*Educating Americans for the 21st Century*」 보고서를 발간하였다. 이 보고서는 과학박물관 등을 이용하여 부모와 자녀가 과학과 관련된 취미를 갖거나 주말 또는 저녁 프로그램에 참여하는 등, 비형식적 과학교육을 장려하는 동시에 학교에서 수학, 과학, 기술 수업 시간을 늘리고, K-6에 매일 최소 30분 이상 과학수업을 실시할 것을 제안하였다. 또한 모든 학교는 학생들이 자신의 능력의 한계에 도달할 때까지 과학적 기술을 발달시킬 기회를 제공하고, 수준별 강의를 제공할 것을 천명하였다. 이후 이 보고서는 과학의 사회적 시사점과 일반 교육에서 과학교육이 갖는 중요성을 간과하고 있다는 평가를 받았다.

표 2-2 「Educating Americans for the 21st Century」가 제시한 과학교육과정

대상	내용
K-6 (유 · 초등)	• 생물현상과 물리현상 간의 균형을 이루면서 자연환경의 현상을 강조 • 타 과목과의 통합 • 조작활동
7-8 (중학교)	• 청소년의 개인적 욕구와 관련된 생물학적 · 화학적 · 물리적 측면에 초점 • 질적 분석 기술의 발달을 강조 • 실험, 과학교과서, 지역사회 자원 등의 활용
9-12 (고등학교)	• 생물학: 사회/ 환경 맥락에서 제시 건강, 영양, 환경관리와 인간의 적응 등의 주제 • 탐구 중심 • 윤리적 판단을 포함한 생물사회학적 맥락에서 문제를 선택 – 화학: 화학이 사회 및 인간과 갖는 관련성 강조 – 물리학: 다양한 학생들을 위해 설계 • 학생의 사전 경험에 토대 – 9~11학년은 과학과 기술의 적용을 강조, 11~12학년은 진로 준비과정 제공

출처: 한유미(2013).

(3) '프로젝트 2061'

1989년에는 '프로젝트 2061'이 American Association for the Advancement of Science(AAAS, 1989)의 후원을 통해 완성되었다. 2061년은 태양계에서 혜성이 우리 영역으로 되돌아오는 해이다. 프로젝트 이름에 미래의 시기까지 포함하여 AAAS는 미래에 아동들이 알아야 할 것이 무엇이고 갖추어야 할 과학적 소양은 무엇인지를 결정하는 데 중점을 두고 있음을 알 수 있다. 이 프로젝트는 과학능력의 개념에 기초를 둔 교육과정 개혁 프로젝트로, 기본 방향은 다음과 같다(이기현, 2010).

첫째, 과학교육은 과학적 지식뿐 아니라 과학적 기술의 본질에 대한 이해를 가져와야 한다. 과학적 기술의 본질에 대한 이해란 과학적 탐구와 실용적 요구에 의해 만들어진 것으로, 모든 과학적 기술은 통제되며 과학적 기술은 부작용을 수반할 수 있고 과학기술과 사회체제는 서로 영향을 주는 관계임을 인식하는 것이다.

둘째, 효과적인 과학교수법은 유아의 질문을 기본으로 교사가 그 질문의 핵심에 대해 탐구하면서 공동의 문제를 해결해 가는 것으로, 과정을 중시하는 것이다.

셋째, 모든 사람은 과학적 소양을 갖는다는 교육목적에 부합하기 위해 여성과 영유아를 대상으로 한 과학교육의 필요성을 강조한다.

넷째, 통합적 접근을 통한 과학교육과정의 운영을 중시해야 한다. 예를 들면, 과학과 쓰기 활동, 과학과 예술 활동 등의 통합활동이 효과적이다.

다섯째, 컴퓨터, 로봇 등의 실용과학교육을 강조하여 실생활에서 편리하게 과학기술을 활용한다.

여섯째, 과학적인 교양인으로 교사를 양성하기 위한 방안에 중점을 둔다.

다음은 '프로젝트 2061'의 교육목표이다.

'프로젝트 2061'의 교육목표

- 자연 세계와 친숙해지고 세계의 다양성과 독특함 인정
- 과학의 중요 개념과 원리의 이해
- 과학과 수학, 기술이 서로 의존하는 중요한 방식을 인식
- 과학과 수학, 기술이 인간의 기업임을 알고 그들의 힘과 한계에 대한 인식
- 과학적 사고의 계발
- 개인과 사회적 목적을 위한 과학지식과 사고하는 방법을 사용

출처: 권영례(2011).

(4) 맥코맥과 야거의 과학교육 분류

맥코맥과 야거(McCormack & Yager, 1989)는 새로운 과학교육의 분류를 개발하여 제시했는데, 1~5영역으로 나누어 제시하였다(권영례, 2006).

표 2-3 맥코맥과 야거의 과학교육 분류

영역	내용
I 영역 지식과 이해 (지식 영역)	• 사실 • 개념 • 법칙(원리) • 과학자에 의해 사용된 기존 가설과 이론들 • 과학과 사회적 논의

영역	내용
II 영역 탐구와 발견 (과학과정 영역)	• 관찰과 설명 • 분류와 조직 • 측정과 도표화하기 • 타인과의 의사소통과 의사소통을 이해하기 • 예측과 추론 • 가설설정 • 가설검증 • 변별과 통제변수 • 자료해석 • 구성과 도구 사용, 단순한 장치, 물리적 모형
III 영역 상상과 창의성 (창의성 영역)	• 시각화하기: 정신적 심상을 생산 • 새로운 방법으로 사물과 생각을 결합 • 실물로 대안을 나타내거나 독특한 방법으로 사용 • 문제해결과 퍼즐(수수께끼) • 환상 • 척하기(가상화하기) • 꿈꾸기 • 장치와 기계설계 • 독특한 생각을 나타내기
IV 영역 감정과 가치 (태도 영역)	• 일반적인 과학, 학교에서의 과학, 과학교사에 대한 긍정적인 태도발달 • 자기 자신에 대한 긍정적인 태도발달('나는 할 수 있다.'는 태도) • 인간정서 탐구 • 타인에 대한 존경심–감정–민감성에 대한 계발 • 건설적인 방법으로 개인 감정 표현 • 개인적인 가치에 대한 의사결정 • 사회환경 문제에 대한 의사결정
V 영역 이용과 적용 (응용과 적용 영역)	• 일상생활에서 과학적 개념의 실례 보기 • 일상생활에서 과학기술의 문제들을 학문적인 과학 개념과 기술에 적용 • 가전제품에 수반되는 과학적 · 기술적 원리 이해 • 일상생활에서 일어나는 문제를 해결하는 과정에서 과학적인 과정 이용 • 과학적인 발달의 대중매체 보고들을 이해하고 평가 • 개인건강, 영양에 관한 의사를 결정할 때 소문이나 정서에 의존하지 않고 과학지식에 기초해서 결정 • 다른 과목과 과학을 통합

2. 우리나라 유아과학교육의 발달과정

우리나라의 유아과학교육은 미국 교육과정의 영향을 많이 받았으며, 시대적 요구를 반영하면서 변화해 왔다. 1969년 문교부령으로 고지된 별도의 유치원 교육과정 제정에서부터 최근의 누리과정까지 우리나라 유아과학교육의 목표와 내용의 변화를 정리하면 다음과 같다.

1) 구성 요소별로 본 자연탐구영역의 변천
(제1차 교육과정~제7차 개정 유치원교육과정)

(1) 명칭 및 목표

제1~7차 2007년 개정 유치원 교육과정 탐구생활영역의 명칭 및 목표를 비교하여 살펴보면 다음의 〈표 2-4〉와 같다.

표 2-4 탐구생활영역의 명칭 및 목표

교육과정	명칭 및 목표	
제1차 (1969)	명칭	자연생활영역
	목표	1. 동식물을 사랑하고 보호하는 마음씨와 태도를 기른다. 2. 자연의 모습에 흥미와 관심을 가지게 하며 스스로 보고, 생각하고, 활용하는 능력과 태도를 기른다. 3. 일상생활에 필요한 간단한 기능을 익혀 생활에 적응할 수 있도록 한다.

교육과정	명칭 및 목표	
제2차 (1979)	명칭	인지발달영역
	목표	1. 사물, 자연 및 자연현상에 대해 직접적으로 활동하게 함으로써 이들에 대한 기본 개념의 형성을 촉진하도록 한다. 2. 사회의 구성원으로서 각종 사회 기관 및 시설을 활용하고 사회생활에 적극 참여함으로써 사회적 기본 개념의 형성을 촉진하도록 한다. 3. 다양한 조작적 활동을 통하여 사고의 기초가 되는 논리 · 수학적 사고능력의 발달을 촉진하도록 한다. 4. 여러 가지 활동을 통하여 얻은 경험들을 다양한 방식으로 표상하는 능력을 기른다.
제3차 (1981)	명칭	인지발달영역
	목표	1. 직접 경험을 통하여 자연현상에 관한 기본 개념을 알게 한다. 2. 사회의 구성원으로서 필요한 사회 현상 및 기능에 대한 기본 개념을 알게 한다. 3. 다양한 조직적 활동을 통하여 논리적 · 수리적 사고능력을 기른다.
제4차 (1987)	명칭	인지발달영역
	목표	1. 구체적 경험을 통하여 자연현상에 관한 기본 개념을 안다. 1) 우리 몸 각 부분의 기능을 안다. 2) 동식물의 특징과 생활에 대하여 안다. 3) 주변의 여러 가지 물체의 성질을 안다. 4) 자연현상을 관찰하고 그 변화를 안다. 2. 사회 구성원으로서 필요한 사회 현상 및 기능에 대한 기본 개념을 안다. 1) 나와 가족에 대하여 안다. 2) 우리 동네의 생활 모습을 안다. 3) 사람들이 하는 일을 안다. 4) 우리나라의 전통 생활에 대하여 안다. 5) 다른 나라의 생활 모습을 안다. 3. 다양한 조작적 활동을 통하여 논리적 · 수리적 사고의 기초 능력을 기른다. 1) 준거에 따라 분류한다. 2) 준거에 따라 순서를 짓는다. 3) 수 개념을 측정한다. 4) 사물을 측정한다. 5) 공간 관계에 대하여 안다. 6) 시간 관계에 대하여 안다. 7) 사건 또는 현상의 원인과 결과에 관계 짓는다.

교육과정	명칭 및 목표	
제4차 (1987)	제4차 (1987)	4. 다양한 활동과 놀이를 통하여 상상력과 창의력을 기른다. 1) 자유롭게 생각하고 독창적으로 표현한다. 2) 문제해결을 위한 다양한 방법을 찾는다. 3) 놀잇감 등으로 새로운 것을 만들고 꾸며 본다.
제5차 (1992)	명칭	탐구생활영역
	목표	1. 주변 환경과 자연현상에 대한 과학적 사고의 기초 능력과 태도를 기르게 한다. 2. 다양한 조작 활동을 통하여 논리 · 수학적 사고의 기초 능력과 태도를 기르게 한다. 3. 과학적, 논리 · 수학적 사고를 기초로 하여, 창의적으로 문제를 해결하는 능력과 태도를 기르게 한다.
제6차 (1992)	명칭	탐구생활영역
	목표	1. 주변 생활과 자연현상을 이해하는 데 필요한 기초적인 탐구 능력과 태도를 기른다. 2. 구체적인 사물의 조작을 통하여 논리 · 수학적 사고의 기초 능력과 태도를 기르게 한다. 3. 과학적, 논리 · 수학적 사고를 기초로 하여, 창의적으로 문제를 해결하는 능력과 태도를 기르게 한다.
제7차 개정 (2007)	명칭	탐구생활영역
	목표	1. 사물과 자연현상에 대해 호기심을 가지고 지속적으로 탐구하는 태도를 기른다. 2. 사물과 자연현상에 대한 기초 지식을 이해하고 탐구하는 능력을 기른다. 3. 생활 주변의 문제를 논리 · 수학적으로 해결하기 위한 기초 능력을 기른다.

우리나라의 제1~7차 개정 유치원 교육과정까지의 명칭과 목표를 비교 · 분석하여 나타난 주요한 특징은 다음과 같다(이기현, 2010).

첫째, 명칭에서 살펴보면, 제1차 유치원 교육과정에서는 초등학교 교과명과 동일하게 '자연'이라는 명칭을 사용하였다. 이후 제2차 유치원 교육과정에서부터 제4차 유치원 교육과정까지는 생활 중심에서 발달 영역으로 변화하면서 인지발달이 사용되었으나, 제5차 유치원 교육과정에서부터는 다시 생활 영역으로 바뀌면서 탐구생활로 변경되었다.

둘째, 목표 면에서 살펴보면, 제1차 유치원 교육과정에서는 생활, 경험 중심이 강조되었고, 제2차 유치원 교육과정부터는 인지적 측면과 개념이 부각되었다. 이후 제5차 유치원 교육과정부터는 이전의 교육과정과 비교하여 창의적 사고와 탐구, 문제해결력에 대한 강조가 뚜렷해졌으며, 제6차 유치원 교육과정에서는 탐구 능력과 태도를 강조하였다.

셋째, 제1~4차 유치원 교육과정까지 '사회생활과 현상'에 해당하는 내용이 제시되어 있으나 제5차 유치원 교육과정부터는 사회생활로 이동되었다.

(2) 내용

제1~7차 개정에 이르기까지 유치원 교육과정 탐구생활영역의 내용을 비교하여 살펴보면 〈표 2-5〉와 같다.

표 2-5 탐구생활영역의 내용

<table>
<tr><th>교육과정</th><th colspan="3">탐구생활영역 내용</th></tr>
<tr><td rowspan="3">제1차
(1969)</td><td>영역</td><td colspan="2">자연현상, 과학생활</td></tr>
<tr><td rowspan="2">내용</td><td>자연현상</td><td>• 동식물을 즐겨 기르고 가꾸기
• 동식물을 여러 모로 관찰하기
• 자연의 여러 모습을 관찰하기
• 자연의 여러 사물(꽃, 나뭇잎, 돌 등)을 수집하여 정리하기
• 천체의 여러 모를 관찰하기
• 계절의 변화에 대하여 알기</td></tr>
<tr><td>과학생활</td><td>• 생활필수품의 성질과 용도를 알고 활용하기
• 연모의 용도를 알고 바로 쓰기
• 놀잇감의 용도를 알고 만들며 활용하기
• 운동 기구와 장난감의 움직임, 생김새, 용도 등을 알고 활용하기</td></tr>
<tr><td rowspan="3">제2차
(1979)</td><td>영역</td><td colspan="2">자연과 사회 현상에 관한 개념</td></tr>
<tr><td rowspan="2">내용</td><td>자연현상</td><td>• 생물과 무생물 구별하기 • 물체의 이름과 성질 알기
• 동식물의 이름과 성질 알기 • 밤과 낮 구별하기
• 빛과 그림자 이해하기 • 날씨의 변화 이해하기
• 계절의 변화 이해하기 • 방향 알기
• 사건 순서 알기 • 시간 간격 알기
• 지구, 해, 달 및 별에 관해 이해하기</td></tr>
<tr><td>사회 현상</td><td>사회 현상에 대한 7개의 내용이 함께 포함되어 있음</td></tr>
<tr><td rowspan="3">제3차
(1981)</td><td>영역</td><td colspan="2">자연현상에 관한 개념, 사회 현상에 관한 개념</td></tr>
<tr><td rowspan="2">내용</td><td>자연현상</td><td>• 우리 몸 각 부분의 이름과 기능 알기
• 동식물의 이름과 특징 알기
• 생물과 무생물 구별하기
• 주변의 여러 가지 물체의 이름 알기
• 물체의 형태, 색깔, 질감 등의 성질 알기
• 물체의 운동 알기
• 빛과 그림자 알기
• 낮과 밤 구별하기
• 계절과 날씨 알기
• 해, 달, 별 알기
• 들, 산, 강, 바다 알기</td></tr>
<tr><td>사회 현상</td><td>사회 현상에 대한 7개의 내용이 포함되어 있음</td></tr>
</table>

<table>
<tr><th>교육과정</th><th colspan="3">탐구생활영역 내용</th></tr>
<tr><td>제4차
(1987)</td><td colspan="3">별도의 내용 없이 목표에 함께 포함</td></tr>
<tr><td rowspan="3">제5차
(1992)</td><td>영역</td><td colspan="2">과학적 사고, 창의적 사고</td></tr>
<tr><td rowspan="2">내용</td><td>과학적
사고</td><td>• 물체의 성질 탐색하기
• 물체의 변화과정 관찰하기
• 물체의 움직임 관찰하기
• 우리 몸에 대해 관심 가지기
• 생물에 대해 관심 가지기
• 주변 환경에 대해 관심 가지기
• 자연현상 관찰하기</td></tr>
<tr><td>창의적
사고</td><td>• 특이한 상황에 관심 가지기
• 다양하게 사고하기
• 독특하게 사고하기</td></tr>
<tr><td rowspan="3">제6차
(1992)</td><td>영역</td><td colspan="2">과학적 탐구, 창의적 탐구</td></tr>
<tr><td rowspan="2">내용</td><td>과학적
탐구</td><td>• 우리 몸에 대하여 알아보기
• 생물에 대하여 관심 가지기
• 자연현상에 대하여 알아보기
• 물체와 물질 탐색하기
• 도구와 기계에 관심 가지기</td></tr>
<tr><td>창의적
탐구</td><td>• 주변 상황에 관심을 가지고 탐색하기
• 다양하게 생각하기
• 독특하게 생각하기</td></tr>
<tr><td rowspan="3">제7차
개정
(2007)</td><td>영역</td><td colspan="2">탐구하는 태도 기르기, 과학적 기초 능력 기르기</td></tr>
<tr><td rowspan="2">내용</td><td>탐구하는 태도
기르기</td><td>• 사물과 현상에 지속적인 관심 가지기
• 탐구과정 즐기기</td></tr>
<tr><td>과학적
기초 능력
기르기</td><td>• 물체와 물질에 대해 알아보기
• 생명체와 자연환경 소중하게 여기기
• 자연현상에 대해 알아보기
• 간단한 도구와 기계 활용하기</td></tr>
</table>

우리나라 제1~7차 개정 유치원 교육과정까지의 내용을 비교 · 분석하여 나타난 주요한 특징은 다음과 같다(이기현, 2010).

첫째, 제2차 유치원 교육과정에서는 학문 중심적 성격을 띠고 있는 시기여서 교육 내용의 수가 제1차 유치원 교육과정에 비해 급격하게 증가하였으며, 지식, 기능, 태도로 나누었을 때 지식이 높은 비율을 차지하였다.

둘째, 제3차 유치원 교육과정에서는 생물, 물리, 지구과학 등 각 과학영역의 내용을 고루 제시하고 있으며, 우리 몸 각 부분의 이름과 기능 알기, 물체의 운동 알기가 처음으로 제시되었다. 또한 수학 부분에서는 표상 능력 부분이 논리 · 수학적 사고에 흡수되었고, 관련 내용을 큰 범주로 나누었다.

셋째, 제4차 유치원 교육과정에서는 내용이 목표에 제시되어 있어 별도로 다루어지고 있지 않으며, 제5차 유치원 교육과정에서는 이전과 달리 개념보다도 과학적 사고, 창의적 사고, 문제해결력 등 사고를 강조하였다. 특히, 수의 활용, 구체물의 간단한 더하기 빼기, 기초 통계가 처음으로 포함되었고 문제해결과 학문체계에 따라 내용을 간결하게 통합하였다.

넷째, 제6차 유치원 교육과정에서는 활동 중심의 목표와 내용을 갖춘 '탐구' 중심 내용 체계로 전환되었으며, 수학과 과학의 학문 체계에 따라 내용을 간결하게 통합하였다.

다섯째, 2007년 개정 유치원 교육과정에서는 탐구생활 내용을 탐구하는 태도 기르기와 과학적 기초 능력 기르기로 세분화하였다.

2) 표준보육과정과 누리과정에 나타난 유아과학교육 (2013년 3월~현재)

「영유아보육법」 시행규칙 제30조에 의거해 2013년 3월 1일부터 시행하고 있는 0~2세 대상의 표준보육과정 내 자연탐구영역과 교육과학기술부 장관과 보건복지부 장관이 유치원과 어린이집에 고시한 3~5세 누리과정 내의 과학교육 내용은 다음과 같다. 이전 유치원 교육과정의 탐구생활영역은 누리과정에서 자연탐구영역으로 바뀌었으며, 호기심을 가지고 탐구하는 태도와 생활 속 문제를 해결하기 위한 기초능력 함양에 중점을 두었다(교육부 · 보건복지부, 2019). 그 뒤 2020년 3월 1일부터 개정 누리과정이 시행되어(교육부 · 보건복지부, 2019) '탐구하는 과정을 즐기고, 자연과 더불어 살아가는 태도를 가진다.'를 자연탐구영역의 목표로 두고, 세 가지 내용범주인 '탐구과정 즐기기', '생활 속에서 탐구하기', '자연과 더불어 살기'를 제시하였다.

자연탐구영역의 구체적인 부분은 제4장에서 다룬다.

3) 현대 우리나라 유아과학교육의 동향

첫째, 유아과학교육의 내용은 특정 지식에 중점을 두기보다는 과학의 일반적인 원리를 이해하고 판단할 수 있는 것으로 채워져야 한다.

둘째, 유아가 과학지식을 형성하기 위해서는 일상생활의 경험과 사물과의 직접적인 상호작용을 통한 능동적인 활동을 중심으로 진행되어야 한다.

셋째, 유아의 과학활동은 결과에만 중점을 두기보다는 과정을 가치 있게 여겨 탐색과 발견의 즐거움을 경험할 수 있게 도와야 한다.

넷째, 유아과학교육은 분리된 특수한 교육 내용이나 실험 중심의 학습방법을 동원하기보다는 여러 영역과 연관 지어 통합적으로 이루어지는 것이 효율적이다.

다섯째, 유아과학교육은 경쟁적이거나 개인주의적인 학습 분위기에서 벗어나 협동학습을 함으로써 또래 간의 사회적 상호작용을 격려한다.

PART 02

아동과학능력 발달

03 아동과학지도 기초이론

04 연령별 인지발달특성과 우리나라 국가수준 유아교육과정

CHAPTER 03

아동과학지도 기초이론

과학교육을 이해하는 데 있어서 가장 핵심적인 이론들을 살펴보는 장으로서, 과학교육과 밀접하게 연관된 인지발달이론 가운데 대표적인 피아제의 인지발달이론, 비고츠키의 사회문화적 인지이론, 브루너의 탐구학습이론, 가드너의 다중지능이론을 중심으로 살펴보기로 한다.

1. 인지발달이론

피아제

인지발달이론에 있어서 대표적인 학자는 스위스의 인지이론가인 피아제를 들 수 있다. 피아제는 아동을 '스스로 환경과의 상호작용을 통해 세상에 대한 지식을 발견하고 의미 있는 지식을 구성해 나가는 능동적인 학습자'로 보았다.

피아제 이론에서의 중심 개념으로는 '적응'을 들 수 있는데, 피아제는 인간의 신체구조가 환경에 적응하는 것과 마찬가지로 사고구조 역시 외부환경에 맞도록 적응해 나간다고 보았다. 이에 피아제는 지능이란 주어진 환경에 인간이 효율적으로 적응해 나갈 수 있는 능력이라고 정의하고 있다(성현란 외, 2006).

다음은 피아제 이론의 주요 개념들이다.

1) 주요 개념

피아제 인지발달이론에서의 주요 개념들로는 도식(schema), 적응(adaptation), 동화(assimilation), 조절(accommodation), 평형(equilibration) 등이 있다.

(1) 도식

도식은 경험을 이해하고 해석하는 데 사용하는 정신적인 틀을 말한다. 도식은 인지구조의 기본 단위이며 사고 또는 행동의 구조로서 환경과의 상호작용을 통해 대부분 습득된다(이기숙 · 장영희 · 이윤경 · 정미라 · 심성경 · 손순복 · 김영아, 2017).

(2) 적응

피아제는 유기체와 환경과의 직접적인 상호작용을 설명하면서, 모든 유기체는 환경에 적응하려는 경향성을 지닌다고 보았다. 유기체는 환경에 맞도록 적응해 나가게 되는데, 이때 적응은 동화와 조절의 상호보완적인 활동과정을 통해 이루어진다.

(3) 동화

동화는 외부세계 및 새로운 자극을 이해하는 데 있어서 이미 가지고 있는 현재의 도식을 이용하는 것이다. 예를 들어, 공원에서 개를 처음 본 아동이 그림책에서 개를 봤던 경험을 통해 형성된 개 도식을 적용하여 공원에서 보게 된 것이 개라는 것을 이해하는 과정을 들 수 있다(공인숙 · 권기남 · 권혜진 · 김영주 · 김혜라, 2015).

(4) 조절

조절은 외부세계 및 새로운 자극을 파악하는 데 있어서 현재의 사고방식으로는 완전히 이해할 수 없는 경우, 외부의 자극에 맞게 새로운 도식을 만들거나 기존의 도식을 변화시키는 것이다. 예를 들어, 집에서 개를 기르는 경험을 통해 개 도식을 가지고 있던 아동이 네 다리로 움직이지만 개와는 다른 '야옹' 소리를 내는 동물을 처음 볼 경우 혼란이 생기며 그것이 고양이라는 것을 알게 되면서 개 도식을 수정하고 고양이 도식을 형성하는 것을 들 수 있다(공인숙 외, 2015).

(5) 평형

동화와 조절이 균형상태를 이룰 때 인지구조는 평형상태를 이루게 된다. 하지만 시간이 지남에 따른 유기체의 변화, 환경의 변화에 따라 기존의 평형상태는 깨어지게 되고, 유기체는 다시 새로운 평형상태에 도달하고자 노력하는 활동을 반복하게 된다.

2) 인지발달단계

피아제는 아동의 인지구조는 질적으로 다른 단계를 거치며 또한 일정한 순서에 따라 발달해 간다고 보았다. 인지발달은 4단계를 거쳐 이루어지게 된다. 여기에서는 유아기까지의 단계를 살펴보고자 1단계 감각운동기와 2단계 전조작기의 특성에 대해서만 다루도록 한다.

(1) 1단계: 감각운동기(0~2세)

감각운동기는 감각기관과 운동기능을 통해 환경과 상호작용을 해 나가는 시기이다. 따라서 영아는 자신이 보고, 듣고, 느끼고, 행동하는 것을 통해서 세상에 대해 알게 된다. 이 감각운동기 단계는 다시 독립적이면서 상호 관련된 6개의 하위 단계들로 세분화된다. 이에 대한 세부 내용은 〈표 3-1〉에 제시되어 있다.

표 3-1 감각운동기 하위 6단계

감각운동의 하위 단계	전형적인 행동
1. 반사운동기 (출생~1개월)	신생아 반사행동
2. 1차 순환 반응 (1~4개월)	영아의 신체 중심으로 단순한 운동습관, 사건의 한정된 기대
3. 2차 순환 반응 (4~8개월)	주변 환경에서 재미있는 결과를 가져오는 사건을 반복하는 것에 목표를 둔 행동, 친숙한 행동 모방
4. 2차 순환 반응의 협응 (8~12개월)	의도적이고 목표 지향적인 행동, 사물을 처음 숨긴 장소에서 찾을 수 있는 능력(대상영속성), 사건에 대한 기대 증진, 영아가 흔히 하는 행동과는 약간 다른 행동 모방
5. 3차 순환 반응 (12~18개월)	새로운 방식으로 사물에 행위를 가함으로써 사물의 속성 탐색, 새로운 행동의 모방, 숨겨진 사물을 찾기 위하여 여러 장소를 살피는 능력
6. 정신적 표상 (18개월~2세)	문제에 대한 갑작스러운 해결을 하는 것에서 나타나듯이 사물과 사건의 내적 묘사, 보이지 않는 동안 이동되었던 사물을 찾는 능력, 지연모방, 가장놀이

출처: Berk(2015). p. 166.

(2) 2단계: 전조작기(2~7세)

전조작기는 아동의 표상적 활동이 급격하게 증가하는 시기이다. 이 시기 아동의 대표적인 인지적 특성으로는 자아중심성, 중심화 경향성, 물활론적 사고, 직관적 사고 등을 들 수 있다.

① 자아중심성

자아중심성이란 세상을 자신의 방식대로 이해하려는 경향을 말한다. 타인의 생각이나 관점 등이 자신과 동일하다고 생각하고 다른 사람의 입장에서는 생각하지 못하는 것을 뜻한다(이영 외, 2010). 즉, 아동이 어머니의 선물을 고를 때 어머니에게 필요한 물건이 아니라 자신이 좋아하거나 받고 싶은 것(예: 장난감)을 어머니에게 선물하는 경우를 예로 들 수 있다. 피아제는 이러한 자기중심성을 '세 개의 산 과제' 실험으로 설명하고 있다. 이 실험에서 알 수 있듯이, 전조작기 아동은 자신의 반대편에 앉아 있는 사람에게 보이는 세 개의 산 모형과 자신이 바라보는 세 개의 산 모형이 서로 다르다는 것을 이해하지 못한다([그림 3-1] 참조).

그림 3-1 피아제의 세 개의 산 과제

출처: 유효순(2016). p. 168.

아동의 자아중심성은 자아중심적 언어에서도 살펴볼 수 있다. 자기중심적 언어는 상대방과 대화하고는 있지만 자신의 생각만을 이야기하는 의사소통 양식이다.

자기중심적 언어의 예

아동 A: 나 어제 아빠랑 놀이동산 갔었어.
아동 B: 이 장난감 좀 봐.
아동 A: 정말 재미있었어.
아동 B: 생일선물로 받은 거야.

② 중심화

중심화는 눈에 보이는 사물이나 사건의 한 측면에만 주의를 기울이는 것이다. 피아제의 보존과제 실험을 통해서 전조작기 아동의 중심화 경향을 알 수 있는데, 가장 대표적인 보존과제 실험으로 액체보존과제 실험을 들 수 있다. 이 실험은 우선 아동이 보는 자리에서 두 개의 비커에 같은 양의 물이 있음을 확인한다(a). 그 후 한 개의 비커의 물을 길다랗고 좁은 모양의 비커에 따라 붓는다(b). 겉으로 보기에는 길다란 모양의 비커에 담긴 물의 높이가 높아지지만 실제 그 양에는 변화가 없다(c). 하지만 전조작기의 아동은 비커에 담긴 물의 높이에만 집중하기 때문에 키가 크고 폭이 좁은 비커에 담긴 물이 원래 모양의 비커에 담긴 물보다 더 많다고 인식한다(Kail, 2009).

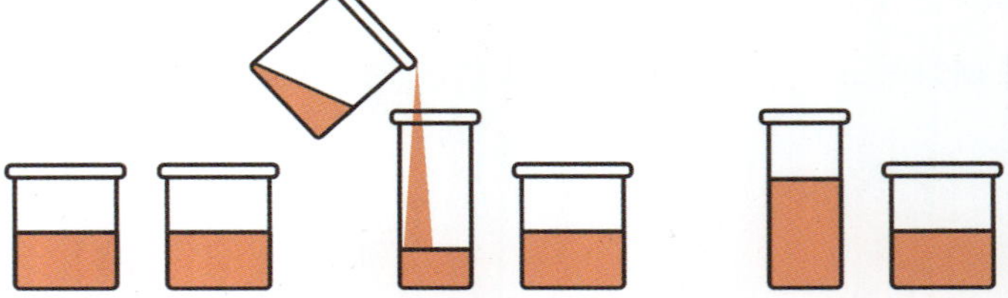

그림 3-2 피아제의 액체보존과제 실험

출처: 박희숙·강민희(2017). p. 87.

③ 물활론적 사고

물활론적 사고는 생명이 없는 대상에게 생명과 감정을 부여하는 것을 말한다. 예를 들어, 바람이 세게 불면 바람이 화가 난 것이라고 하거나, 다리가 부러진 의자를 보고 아프겠다고 말하는 것을 들 수 있다(이명순 · 곽승주 · 전영희, 2014).

④ 직관적 사고

직관적 사고는 대상의 지각적 특성에 의하여 그 대상의 특성을 파악하는 사고특성을 말한다.

3) 아동과학지도에 주는 시사점

피아제 이론이 아동과학지도에 주는 시사점은 다음과 같다.

첫째, 아동이 지닌 적극적인 학습자로서의 잠재력을 발휘할 수 있도록 아동의 직접적인 실험, 관찰 등의 탐구학습을 격려하도록 한다.

둘째, 아동의 인지발달을 자극할 수 있는 교육내용 및 아동의 발달수준에 적합한 교육과정을 구성하도록 한다.

셋째, 아동이 흥미를 갖는 대상에 대해 적극적으로 탐구할 수 있도록 적절한 환경을 제공해 준다.

넷째, 아동이 주도적으로 학습에 참여할 수 있도록 아동의 개인차를 고려하여 지도한다.

2. 사회적 구성주의이론

비고츠키는 피아제와 마찬가지로 아동이 지식을 구성해 나가는 적극적인 지식의 추구자라고 보았다. 하지만 풍부한 사회적 · 문화적 맥락이 아동의 사고에 크게 영향을 미친다고 강조한 점에서 사회적 구성주의라 할 수 있다. 그는 아동은 주위에 있는 다른 사람들로부터 많은 지식과 개념을 배우며 사회적인 관계 속에서 개념이나 사실, 태도, 기술 등을 발달시킨다고 보았다(이영 외, 2010).

비고츠키

이처럼 비고츠키는 아동의 사고발달 및 학습에 있어서 사회적 맥락과 협동의 중요성을 강조하였다. 즉, 학습은 협력적이면서 직접적인 경험이 이루어지는 사회문화적 상황 속에서 이루어져야 한다고 보았다(Collins, Brown & Newman, 1989).

1) 주요 개념

(1) 근접발달지대(zone of proximal development: ZPD)

근접발달지대란 아동 혼자서 해결하기는 어렵지만 성인이나 더 유능한 또래의 도움으로 문제를 해결할 수 있는 과제의 범위를 말한다. 즉, 아동 스스로 문제해결을 할 수 있는 실제적 발달수준과 보다 능력 있는 성인 등의 도움을 통해 문제를 해결할 수 있는 잠재적 발달수준 사이의 간격을 근접발달지대라고 한다(Berk & Winsler, 1995).

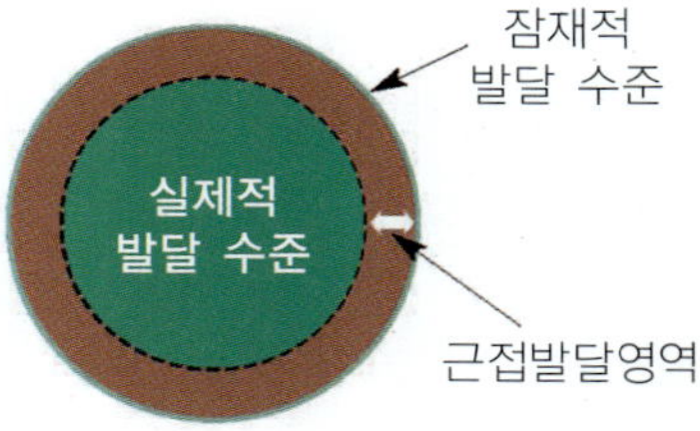

그림 3-3 근접발달지대

출처: 유효순(2016). p. 173.

(2) 비계(scaffolding)

비계란 아동의 근접발달지대 안에서 성인 또는 자신보다 유능한 또래가 아동에게 적절한 도움을 제공하는 것이다. 즉, 비계설정이란 아동보다 유능한 성인(예: 부모, 교사)의 도움을 통해 아동에게 인지향상이 가능하도록 발판을 마련해 주는 것이다. 이때, 교사는 아동의 요구에 맞게 도움을 조절해 나가야 하는데, 예를 들어, 아동이 새로운 과제를 접할 때는 교사가 보다 많은 도움을 제공해 주지만, 학습이 이루어지는 동안 과제가 익숙해지면 점차 아동 스스로 해결해 나갈 수 있도록 도움의 양을 줄여 나가도록 한다. 이처럼 학습이 이루어지는 동안 교사가 제공하는 도움은 계속해서 변화해 나가게 된다(김경미 · 김현주 · 송연숙, 2013).

그림 3-4 아이에게 도움을 주면서 함께 놀고 있는 부모

출처: 문혁준 외(2016). p. 75.

(3) 사적 언어(private speech)

비고츠키는 언어를 인지발달의 원동력이라고 보았으며 특히 사적 언어, 즉 혼잣말을 중요시하였다. 아동은 과제가 적절한 도전을 요구할 때, 실수를 했을 때, 또는 어떻게 다음 단계로 진행해야 할지 혼돈스러울 때 혼잣말을 더 많이 사용하는 것으로 나타났다(Berk, 2015). 사적 언어는 3~5세에 가장 많이 나타나며 이후 성장하면서 큰 소리로 하던 사적 언어(혼잣말)는 속삭임으로 변하고 점차 내면화된다.

2) 아동과학지도에 주는 시사점

비고츠키 이론이 아동과학지도에 주는 시사점은 다음과 같다.

첫째, 사회 · 문화적 환경에 적합한 교육내용과 교육방법이 활용되도록 한다.

둘째, 아동 스스로 문제를 해결할 수 있는 능력에는 한계가 있으므로, 교사는 아동의 인지발달이 보다 촉진될 수 있도록 아동의 근접발달영역 안의 잠재적 능력이 발현될 수 있는 교육적 자극을 주도록 한다.

셋째, 아동이 서로 도와가며 성장해 나갈 수 있도록 협동학습 상황을 자주 제공해 주도록 한다.

넷째, 아동이 학습하는 동안 적극적인 언어적 표현이 이루어질 수 있도록 허용적인 분위기를 제공한다.

3. 탐구학습이론

브루너

브루너는 학문 중심 교육을 주창한 대표적 학자이다. 그는 지식의 전수보다는 지식의 구조를 파악하여 내용을 어떻게 조직하느냐가 학습과정에서 중요하다고 보았다. 따라서 아동의 발달수준에 맞도록 올바른 형식으로 학습내용이 제공된다면 어떠한 발달단계에 있는 아동일지라도 효과적으로 가르칠 수 있다고 보았다(Bruner, 1960).

1) 주요 개념

(1) 지식의 구조

지식의 구조란 지식의 근간이 되는 기본 개념의 조직을 뜻한다. 브루너는 아동에게 지식 자체가 아닌 지식의 구조를 가르쳐야 한다고 보았다. 왜냐하면 아동이 지식의 기본 구조를 이해하게 되면 그 지식을 다른 상황에서도 응용할 수 있는 능력이 생기기 때문이다(이순형 외, 2011).

(2) 발견학습

지식의 구조를 가르치는 데 있어서 효과적인 방법 가운데 하나가 발견학습이다. 발견학습이란 아동이 교사가 설명한 학습내용을 그대로 수용하는 것이 아니라 아동 스스로 학습내용을 탐구해 나가는 상황에서 일어나는 학습이다(Bruner, 1961). 따라서 교사는 발견학습이 효과적으로 이루어지도록 설명이나 지시는 최소화하고 아동 스스로 새로운 개념을 발견할 수 있도록 격려하는 것이 중요하다.

(3) 표상양식

브루너는 표상양식(modes of representation)에 따라 누구에게나 어떠한 지식도 가르칠 수 있다고 보았다(Bruner, 1966). 이처럼 아동의 사고 형태에 맞도록 표현하는 표상방식의 유형에는 발달단계에 따라 동작적 표상양식, 영상적 표상양식, 상징적 표상양식이 있다.

이에 대해 구체적으로 살펴보면 다음과 같다(이순형 외, 2011: 43-44).

① 동작적 표상양식(enactive representation mode)

동작적 표상양식은 아동이 감각적인 방법을 통해 환경을 탐색하고 사물에 대한 구체적인 행위를 통해 인지해 나가는 초보적인 단계이다.

② 영상적 표상양식(iconic representation mode)

영상적 표상양식은 아동이 사물과의 직접적인 상호작용을 통해 배우는 것이 아니라 물리적으로 존재하지 않는 사건이나 사물을 그림이나 영상을 통해서 이해하는 단계이다.

③ 상징적 표상양식(symbolic representation mode)

상징적 표상양식은 직접 경험하지 않은 것에 대한 논리적 사고가 가능하여 언어나 숫자와 같은 상징적 방식으로 학습이 가능한 단계이다.

2) 아동과학지도에 주는 시사점

브루너의 이론이 아동과학지도에 주는 시사점은 다음과 같다.

첫째, 아동에게 가르칠 내용을 아동의 발달단계에 맞는 방식으로 구조화하고 조직화하여 제시하도록 한다.

둘째, 지식의 결과보다는 아동 스스로 지식을 발견해 나가는 탐구과정을 중시하도록 한다.

셋째, 아동의 표상양식의 순서성을 고려한 교수-학습방법을 제공하도록 한다.

4. 다중지능이론

가드너

가드너(Gardner)는 지능에 대한 기존의 관점과는 달리, 지능이 포괄적이고 다양한 능력을 포함하고 있다는 새로운 관점을 제시하였다(문연심 · 이화영, 2011). 그는 지능을 문화적으로 가치 있는 것을 창조하거나 문제를 해결하는 데 유용하게 쓰일 수 있는 정보를 처리하는 생물학적 · 심리학적 잠재력으로 보았다(이기숙 · 장영희 · 정미라 · 엄정애, 2014).

1) 주요 개념

가드너가 제시한 다중지능이론(theory of multiple intelligence)에서는 인간의 지능을 언어적 지능, 논리 · 수학적 지능, 공간적 지능, 신체운동적 지능, 음악적 지능, 대인관계 지능, 자기이해 지능, 자연탐구 지능의 여덟 가지 지능으로 제시하였다(Eisner, 1992). 구체적인 내용은 〈표 3-2〉에 제시되어 있다.

가드너의 다중지능이론에 따르면 아동은 저마다의 강점을 지니고 있다. 이때 아동 자신이 지닌 강점이 무엇인가에 따라 교수-학습방법을 다르게 제시한다면 보다 효과적인 발달이 이루어질 수 있다는 것이다.

표 3-2 가드너의 다중지능

지능	과정조작	목표 상태 수행 가능성
언어	소리, 리듬, 단어의 의미와 언어의 기능에 대한 민감성	시인, 언론인
논리 · 수학적	논리적 · 수적 유형에 대한 민감성과 그것을 찾는 능력, 논리적 추론의 긴 연쇄성을 다루는 능력	수학자

지능	과정조작	목표 상태 수행 가능성
음악적	음조, 리듬(혹은 멜로디), 음악적 표현양식의 심미적 질을 생산하고 감상하는 능력	악기 연주가, 작곡가
공간적	시·공간적 세계를 정확히 지각하는 능력과 그러한 지각을 변형하는 능력과 관련 자극이 없어도 시각적 경험의 관점을 재창조하는 능력	조각가, 항해사
신체운동적	목표 지향적 또 표현적 목적을 위해 신체를 기술적으로 사용하는 능력과 물체를 기술적으로 다루는 능력	무용가, 운동선수
자연	다양한 동물, 광물, 식물을 인식하고 분류하는 능력	생물학자
개인 간	다른 사람의 기분, 기질, 동기, 의도에 대해 인식하고 적절히 반응하는 능력	치료사, 판매원
개인 내	복잡한 내적 감정을 구별하고 자신의 행동을 안내하기 위해 그 감정을 사용하고 자신의 강점, 약점, 욕구와 지능에 대해 아는 것	세부적이고 정확한 자기 지식을 가진 사람

출처: Berk(2015). 재인용, p. 249.

2) 아동과학지도에 주는 시사점

가드너 이론이 아동과학지도에 주는 시사점은 다음과 같다(이순형 외, 2011).

첫째, 아동의 강점을 토대로 아동 각각의 특성에 적합한 교육내용 및 교수·학습 방법을 제공하도록 한다.

둘째, 교육활동을 전개함에 있어서 각각의 지능들을 연계할 수 있는 활동들로 구성하도록 한다.

셋째, 지능의 다양한 측면을 고려해 본다면 유아교육과정은 통합적 방법으로 접근하는 것이 적절하다.

CHAPTER 04

연령별 인지발달특성과 우리나라 국가수준 유아교육과정

아동과학교육을 보다 효과적이면서도 아동발달특성에 적합하게 하기 위해서는 우선적으로 아동 연령에 따른 발달특성을 파악하고 있어야 한다. 과학교육은 아동의 모든 발달영역과 연결되어 있지만, 이 장에서는 대표적으로 인지발달영역에 초점을 맞추어서 영유아기에 해당하는 연령별 인지발달특성에 대해서 살펴보고 연령별 우리나라 국가수준 유아교육과정에서 과학교육에 해당하는 자연탐구영역을 살펴보도록 하겠다.

1. 연령별 인지발달특성

아동의 연령별 인지발달특성을 살펴보면 다음과 같다(김지영 · 황혜경 · 이영애 · 김선희 · 성연승, 2013: 50-51).

1) 0~1세 발달(0~24개월)

(1) 0~4개월

- 시각적으로 움직이는 물체를 추적한다.
- 성인에게 편안하게 해 주기를 원할 때나 먹고 싶을 때를 알리기 위해 운다.
- 관심을 가지고 방 주위를 돌아본다.
- 놀잇감을 가지려 하기 시작한다.
- 친숙한 사람과 사물을 알아본다. 엄마뿐 아니라 점차 다른 가족의 목소리와 얼굴을 알아보고 각기 다른 반응을 보인다(김영옥, 2017: 123).
- 입에 무언가를 가져가기 시작한다.

출처: 문혁준 외(2016). p. 44.

(2) 4~8개월

- 놀잇감 탐색하기를 좋아한다.
- 놀잇감으로 무언가 하기를 좋아한다.
- 성인의 표현과 몸짓을 모방한다.
- 소리가 나면 어느 쪽에서 소리가 나는지 알아보기 위해 소리가 나는 쪽으로 고개를 돌린다.
- 떨어뜨린 놀잇감을 찾는다.

(3) 8~12개월

- 놀잇감을 분해하고 다시 합치기를 좋아한다.
- 만지거나 끌거나 부딪혔을 때 어떤 작용을 하는 놀잇감을 좋아한다.

- 입에 컵을 가져다 대는 것과 같은 아주 간단한 가상놀이를 시작한다.
- 옷이나 컵 밑에 숨겨진 조그만 놀잇감을 발견하는 것을 좋아한다.
- 조그만 물건을 잡고 탐색하는 것을 좋아한다.
- 성인도 대상물을 볼 수 있다는 것을 알고 대상물을 가리킨다.

(4) 12~18개월

- 탐색을 위해 기고, 걷고, 올라가고, 달려가는 등 이동하는 것을 좋아한다.

- 모래, 물, 다양한 종류의 도구가 함께 제공되는 밀가루 반죽놀이를 좋아한다.
- 퍼즐이나 말판의 공간적인 관계에 관심을 갖는다.
- 가상놀이를 할 때 열쇠나 전화기 같은 도구를 사용한다.
- 책을 보고 사물과 동물, 신체 부분의 이름을 말하는 것을 좋아한다.

(5) 18~24개월

- 움직이는 것을 좋아하고 어떤 것을 옮기기 위해 손을 사용하는 것을 좋아한다.
- 어떤 일이 생긴 이유를 이해한다.
- 일상생활을 자세히 이해하고 기억한다.

- 가상놀이를 할 때 어떤 대상물을 대체하기 위해 다른 대상물을 사용한다.
- 쌓기, 분류하기, 모양 맞추기와 같은 활동을 제안할 수 있는 도전적인 자료를 점점 더 좋아한다.

2) 2세 발달(25~36개월)(김지영 외, 2013: 57)

- 색, 크기, 모양, 시간, 무게와 같은 개념들을 이해하기 시작한다.
- 책에 나오는 이야기와 그림에 관심을 갖는다.
- 가상놀이에서 새로운 이야기를 창안해 내고, 블록 쌓기에서 새로운 구조물을 만들며, 상상력이 더 풍성해지고 창의적이 된다.
- 가상놀이를 할 때 놀잇감과 다른 영아들에게 역할을 부여한다. 가상놀이의 소품을 대신하기 위해 의자와 담요, 책꽂이 등을 사용한다.

3) 3세 발달(김지영 외, 2013: 60)

- 인과관계를 알고 결과를 예견하는 능력이 점차 나타난다.
- 주의집중 시간이 짧고 자기중심적이며 실제와 가상을 구별하지 못한다.
- 상상력은 많이 증가하지만 추상적 사고를 다룰 수는 없다.
- 단순하고 구체적이며 감각적인 사고를 한다.
- 보고 들은 것은 재생 가능하나 두 가지 이상의 정보를 기억하는 것은 어렵다.
- 단순한 이야기를 따라할 수 있다.

- 걸음마기 유아보다 '사이에', '뒤에', '위에'와 같은 위치를 나타내는 공간 개념을 더 잘 이해할 수 있다.

4) 4세 발달(김지영 외, 2013: 62)

- 인과관계의 유추가 가능하며 간단한 사건의 이유를 설명할 수 있다.
- 상상과 가상을 구별하며 현실을 인식한다.
- 사물의 속성이나 기능의 유사점 및 차이점에 따라 분류하고 범주화하는 능력이 형성되기 시작한다.
- 탐구능력이 증가하면서 논리적으로 사고하려는 경향이 발달한다.
- 이야기, 노래, 손유희를 반복할 수 있다.
- 호기심이 증가하여 '왜', '어떻게'라는 말로 시작하는 질문을 많이 한다.
- 문자나 숫자와 같은 상징이나 학문적인 주제에 관심을 가지기 시작한다.
- 형태, 크기, 색을 인식하게 된다.
- 공간과 시간에 관련된 많은 개념들을 이해할 수 있다.

5) 5세 발달(김지영 외, 2013: 64-65)

- 주변의 사물이나 사람과 상호작용하면서 현실을 인식한다.
- 사물의 속성과 기능의 유사점 및 차이점에 의하여 분류하고 범주화하는 능력이 증진된다.
- 사물의 지각 경험과 논리적 사고능력에 기초한 보존 개념과 시공간의 개념 및 인과관계의 지각이 점차 아동기의 수준과 비슷하게 발달한다.
- 다른 사람과 적절히 의사소통할 수 있다.
- 올바른 순서로 이야기를 다시 말할 수 있게 된다.
- 주, 달, 계절과 같은 시간 개념을 이해하게 된다.

6) 6~8세 발달(Berk, 2015)

- 피아제식 보존개념, 분류 포함, 서열화 문제를 해결하는 능력을 보이며, 보다 조직적 · 논리적 형태로 사고한다.
- 좀 더 효율적인 공간추론력을 보인다.
- 주의력이 좀 더 선택적, 적응적, 계획적이 된다.
- 연습과 분류학적 조직에 대한 기억전략을 자발적으로 사용한다.
- 추론을 위하여 요점기억에 의존하는 능력이 증가된다.
- 지식이 계속적으로 증가하고 좀 더 잘 조직화된다.
- 주의집중과 전략 사용에 관한 인지과정과 그 수행력의 효과에 대한 인식이 좀 더 증가한다.
- 정보의 변형이 가능한 능동적 구성 대행자로서 정신에 대한 견해를 갖는다.
- 아동 중기 말에, '읽기를 위한 학습'에서 '학습을 위한 읽기'로 전이하게 된다.
- 좀 더 복잡한 수학적 기술을 숙달하기 위하여 수 개념과 수 세기의 비형식적 지식을 사용한다.

2. 연령별 우리나라 국가수준 유아교육과정

우리나라의 유치원과 어린이집의 교육과정은 2세 미만의 경우 표준보육과정에 근거하여 시행되고 있으며, 3~5세의 경우 교육과 보육의 공통과정인 누리과정에 기초하여 이루어지고 있다. 여기에서는 표준보육과정과 누리과정의 영역들 가운데 아동과학교육에 관련된 자연탐구영역에 대해 살펴보고자 한다.

1) 0~2세 표준보육과정에서의 자연탐구영역(보건복지부 · 육아정책연구소, 2013)

표준보육과정 자연탐구영역은 '탐구하는 태도 기르기', '수학적 탐구하기', '과학적 탐구하기'의 세 가지 내용범주로 구성되어 있으며, 0~2세 보육과정은 0~1세는 4수준, 2세는 2수준으로 구성되어 있다. 여기에서는 과학교육과 관련된 '탐구하는 태도 기르기', '과학적 탐구하기' 영역만을 살펴보기로 한다.

(1) 0~1세 보육과정에서의 자연탐구영역

① 목표

보고, 듣고, 만지면서 주변 환경에 관심을 가진다.

- 주변 사물에 대한 탐색을 시도한다.
- 주변에서 일어나는 수학적 상황을 지각한다.
- 감각과 조작을 통하여 주변 사물과 자연환경에 대해 지각한다.

② 내용구성

표 4-1 내용범주, 내용 및 세부내용

<table>
<tr><th>내용범주</th><th>내용</th><th>1수준</th><th>2수준</th><th>3수준</th><th>4수준</th></tr>
<tr><td rowspan="2">탐구하는 태도 기르기</td><td>사물에 관심 가지기</td><td></td><td colspan="3">주변 사물에 관심을 가진다.</td></tr>
<tr><td>탐색 시도하기</td><td>나와 주변 사물을 감각으로 탐색한다.</td><td colspan="3">주변의 사물에 대해 의도적인 탐색을 시도한다.</td></tr>
<tr><td rowspan="5">과학적 탐구하기</td><td>물체와 물질 탐색하기</td><td colspan="4">일상생활 주변의 몇 가지 친숙한 것들을 양육자와 함께 탐색한다.</td></tr>
<tr><td>주변 동식물에 관심 가지기</td><td colspan="2"></td><td colspan="2">주변 동식물의 모양, 소리, 움직임에 관심을 가진다.</td></tr>
<tr><td rowspan="2">주변 자연에 관심 가지기</td><td></td><td colspan="3">생활 주변의 자연물을 감각으로 느껴본다.</td></tr>
<tr><td></td><td colspan="3">바람, 햇빛, 비 등을 감각으로 느껴본다.</td></tr>
<tr><td>생활도구 탐색하기</td><td colspan="2"></td><td colspan="2">도움을 받아 생활도구를 탐색한다.</td></tr>
</table>

(2) 2세 보육과정에서의 자연탐구영역

① 목표

주변 환경에서 호기심을 갖고 탐색하기를 즐긴다.

- 호기심을 가지고 주변 세계에 대해 다양하게 탐색한다.
- 주변에서 경험하는 수학적 상황을 인식한다.
- 다양한 탐색을 통하여 주변 사물과 자연환경을 인식한다.

② 내용구성

표 4-2 내용범주, 내용 및 세부내용

내용범주	내용	1수준	2수준
탐구하는 태도 기르기	호기심 가지기	주변 사물과 자연 세계에 호기심을 가진다.	
	반복적 탐색 즐기기	관심 있는 사물을 반복하여 주도적으로 탐색하기를 즐긴다.	
과학적 탐구하기	물체와 물질 탐색하기	친숙한 물체와 물질을 능동적으로 탐색한다.	
	주변 동식물에 관심 가지기	주변 동식물의 모양, 소리, 움직임에 관심을 가진다.	
	자연을 탐색하기	돌, 물, 모래 등의 자연물을 탐색한다.	
		날씨를 감각으로 느낀다.	
	생활도구 사용하기	생활 속에서 간단한 도구에 관심을 가진다.	
		간단한 도구를 사용한다.	

2) 2019 개정 누리과정에서의 자연탐구영역(교육부 · 보건복지부, 2019)

(1) 개요

유아기는 무엇이든 알고 싶어 하는 지적 호기심과 탐구심이 왕성한 시기이다. 의문을 가지고 관찰하고 실험하면서 새로운 것을 알아가는 탐구활동은 유아가 세상을 이해하는 방법이 된다. 궁금한 것을 적극적으로 탐구하는 태도는 유아기부터 시작하여 평생 지속되어야 할 중요한 삶의 태도이다. 3~5세 유아 대상의 2019 개정 누리과정에서의 자연탐구 영역은 유아가 호기심을 가지고 궁금한 것을 적극적으로 탐구하는 과정을 즐기며, 생활 속의 문제를 수학적, 과학적으로 탐구해 보면서, 생명과 자연환경을 존중하는 내용으로 구성되어져 있다.

자연탐구 영역은 '탐구과정 즐기기', '생활 속에서 탐구하기', '자연과 더불어 살기'의 세 가지 내용 범주로 구성된다.

(2) 목표

탐구하는 과정을 즐기고, 자연과 더불어 살아가는 태도를 가진다.

- 일상에서 호기심을 가지고 탐구하는 과정을 즐긴다.
- 생활 속의 문제를 수학적, 과학적으로 탐구한다.
- 생명과 자연을 존중한다.

(3) 내용구성

① 내용범주

표 4-3 내용범주

내용범주	내용
탐구과정 즐기기	주변 세계와 자연에 대해 지속적으로 호기심을 가진다.
	궁금한 것을 탐구하는 과정에 즐겁게 참여한다.
	탐구과정에서 서로 다른 생각에 관심을 가진다.
생활 속에서 탐구하기	물체의 특성과 변화를 여러 가지 방법으로 탐색한다.
	물체를 세어 수량을 알아본다.
	물체의 위치와 방향, 모양을 알고 구별한다.
	일상에서 길이, 무게 등의 속성을 비교한다.
	주변에서 반복되는 규칙을 찾는다.
	일상에서 모은 자료를 기준에 따라 분류한다.
	도구와 기계에 대해 관심을 가진다.

내용범주	내용
자연과 더불어 살기	주변의 동식물에 관심을 가진다.
	생명과 자연환경을 소중히 여긴다.
	날씨와 계절의 변화를 생활과 관련짓는다.

② **내용**

ㄱ. 탐구과정 즐기기

유아가 주변 세계와 자연에 대해 지속적으로 호기심을 가지고, 궁금한 것을 탐구하는 과정에 적극적으로 참여하면서 서로 다른 생각에 관심을 갖는 내용이다.

- 주변세계와 자연에 대해 지속적으로 호기심을 가진다.
  유아가 물질, 물체, 동식물, 자연현상 등에 호기심을 가지고, 놀이에서 지속적으로 궁금한 것을 찾아가거나 표현하는 내용이다.
- 궁금한 것을 탐구하는 과정에 즐겁게 참여한다.
  유아가 궁금한 것을 알아보기 위해 관찰, 비교, 분류, 예측, 실험 등의 다양한 탐구과정을 자발적으로 즐기는 내용이다.
- 탐구과정에서 서로 다른 생각에 관심을 가진다.
  유아가 탐구하는 과정에서 자신의 생각을 또래나 교사와 함께 공유하고, 서로 다른 생각에 관심을 가지는 내용이다.

ㄴ. 생활 속에서 탐구하기

유아가 물체의 특성과 변화를 여러 가지 방법으로 탐색하고, 물체를 세어 수량을 알아보고, 물체의 위치와 방향, 모양을 알고 구별하며, 길이와 무게 등의 속성을 비교하고, 반복되는 규칙을 찾아보고, 모은 자료들을 기준에 따라 분류하며, 도구와 기계에 관심을 가지고 생활 속의 문제를 다양하게 탐구하는 내용이다.

- 물체의 특성과 변화를 여러 가지 방법으로 탐색한다.

  유아가 주변에서 쉽게 발견할 수 있는 친숙한 물체나 물질의 크기, 모양, 색, 냄새, 소리, 질감과 같은 기본적 특성에 관심을 갖는 내용이다. 나아가 그 물체나 물질을 자르고 섞는 등 다양한 방법으로 변화시켜 보며, 변화되는 특성과 변화되지 않는 특성이 무엇인지 탐색해 보는 내용이다.

- 물체를 세어 수량을 알아본다.

  유아가 일상에서 수에 관심을 가지고, 수량을 세어 많고 적음 및 수량의 변화를 알아보는 내용이다.

- 물체의 위치와 방향, 모양을 알고 구별한다.

  유아가 자신과 물체를 기준으로 앞, 뒤, 옆, 위, 아래 등 공간 안에서 위치와 방향을 알아가는 내용이다. 유아가 주변 환경에서 네모나 세모, 둥근 기둥, 상자 모양 등을 찾고 다양한 모양에서 공통점과 차이점을 알아가는 내용이다.

- 일상에서 길이, 무게 등의 속성을 비교한다.

  유아가 일상에서 길이나 무게 등 측정 가능한 속성을 알고, 이 속성을 기준으로 물체를 비교하여 순서 지어 보는 내용이다. 이 과정에서 유아는 자신의 신체를 비롯하여 다양한 물체를 활용하고, 다양한 비교 어휘를 사용하면서 순서를 지어 보는 내용이다.

- 주변에서 반복되는 규칙을 찾는다.

  유아가 생활 주변에서 사물이나 사건의 양상이 일정한 순서로 반복 배열되는 것에 관심을 갖고 즐기며, 반복되는 배열에 숨어 있는 질서와 규칙을 발견하여 다음에 올 것이 무엇인지를 예측하는 내용이다.

- 일상에서 모은 자료를 기준에 따라 분류한다.

  유아가 일상생활에서 흥미와 관심에 따라 필요한 자료를 다양한 방법으로 모으고, 수집한 자료의 공통점과 차이점을 탐색하며, 이를 하나 또는 그 이상의 다양한 기준(예: 모양, 크기, 색깔 등)에 따라 정리하고 조직해 보는 내용이다.

- 도구와 기계에 대해 관심을 가진다.

  유아가 일상생활에서 사용하는 다양한 도구와 기계에 관심을 가지고 직접 사용해 보면서, 도구와 기계가 우리의 생활에 어떠한 도움을 주는지에 대해 관심을 가지는 내용이다.

ㄷ. 자연과 더불어 살기

유아가 주변의 동식물에 대해 관심을 가지고, 생명과 자연환경을 소중히 여기며, 날씨와 계절의 변화를 생활과 관련짓는 내용이다.

- 주변의 동식물에 관심을 가진다.

  유아가 등·하원, 산책, 바깥 놀이터, 교실에서 접할 수 있는 동식물을 관찰하거나 직접 길러 보면서, 동식물의 특성에 관심을 가지고 탐구하는 내용이다.

- 생명과 자연환경을 소중히 여긴다.

  유아가 동식물뿐만 아니라 동식물이 살아가기에 좋은 환경에 대해 관심을 가지고, 이들을 생명체로서 소중히 여기는 내용이다.

- 날씨와 계절의 변화를 생활과 관련짓는다.

  유아가 낮과 밤, 날씨, 계절의 변화를 느끼고, 자연의 변화가 자신의 옷차림, 놀이 등 일상생활에 영향을 준다는 것을 이해하고 적절하게 대처하는 내용이다.

PART 03

유아과학교육내용

05 물체와 물질

06 생명체와 자연환경

07 자연현상

08 도구와 기계

CHAPTER 05

물체와 물질

이 장은 물체와 물질에 관한 과학적 개념에 대해 알아본다. 물체와 물질에 대한 이해를 살펴본다. '물체의 움직임 알아보기'에서 유아가 배울 수 있는 과학적 지식, 물의 상태 변화, 응고 및 융해에 대한 이해, 물질과 물체 개념에 관한 유아의 반응 등을 살펴본다.

1. 물체와 물질에 대한 이해

물체는 어떤 용도로 쓰기 위해 만든 것으로, 모양을 가지고 공간을 차지하고 있는 것을 말한다. 책상, 의자, 지우개, 실내화, 장난감 등을 물체라고 하며, 물질은 물체를 만드는 재료인 나무, 금속, 플라스틱, 고무와 같은 재료를 말한다. 물체를 이루고 있는 물질은 각각 특성이 있다. 예를 들어, 나무는 단단하고 가볍지만 불에 잘 타고 금속은 무겁지만 아주 단단한 특성을 가지고 있다. 유리는 투명해서 안을 잘 볼 수 있지만 깨지기 쉽고, 플라스틱은 가볍고 잘 깨지지 않지만 열에 의해 모양이 쉽게 변한다(네이버 지식백과; 초등과학 개념사전, 2010).

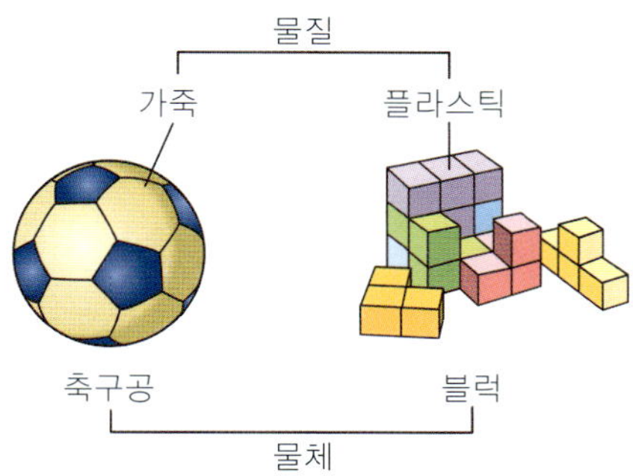

그림 5-1 물체와 물질

물체와 물질에 대한 이해를 높이기 위해서는 물체를 분류하는 활동을 하거나 물체와 물질의 변화와 관련된 활동을 하는 것이 바람직하다. 먼저, 물체는 색깔, 모양, 크기, 용도, 재료 등 다양한 방법으로 분류할 수 있다. 한 가지 물질로 만들어진 물체 또는 두 가지 이상의 물질로 만들어진 물체로도 분류할 수 있다. 물에 뜨는 것과 가라앉는 물질이 무엇인지를 탐색하는 활동을 통해 물질에 대한 성질을 이해할 수 있다. 물질은 저마다 물에 뜨는 정도가 다르다. 나무, 스티로폼 등은 물에 뜨고, 철, 고무 등은 물에 가라앉는다. 하지만 같은 물질이라도 종류와 모양에 따라 물에 뜨고 가라앉는 성질이 다르게 나타날 수도 있다. 즉, 고무지우개는 물에 가라앉지만 고무 튜브는 물에 뜬다. 또한 물질은 저마다 다양한 성질을 가지고 있다. 색깔과 촉감뿐만 아니라 긁히는 정도, 부드러운 정도가 모두 다르다. 잘 긁힐수록 단단하지 않은 물질이다. 일반적으로 철은 다른 물질에 비해 단단해서 잘 긁히지 않지만 고무, 스티로폼 등은 부드러워서 잘 긁힌다(한 권으로 끝내는 교과서 실험관찰 3 · 4학년, 2011).

물체의 움직임을 예측하는 것도 일상생활에서 매우 중요한 인지능력 중의 하나이므로 유아들이 이와 관련된 다양한 활동을 접해 보는 것이 필요하다. 밀기, 미끄러뜨리기, 구르기, 불기, 빨기, 흔들기, 당기기, 균형잡기, 차기 등이 유아의 일상생활과 매우 밀접한 관련성을 가지고 있는 물리활동이다.

유아의 물체와 물질에 대한 과학적 지식을 높이기 위해 물리활동을 계획할 때 유념해야 할 기본적인 원리는 다음과 같다(Chaille & Britain, 1997).

- 유아가 자신의 행위를 통해 물체의 움직임을 일으킬 수 있는 활동을 준비한다.
- 유아가 자신의 행위를 변화시킬 수 있는 활동이어야 한다.
- 물체의 반응이 관찰 가능한 활동이어야 한다.
- 물체의 반응이 즉각적으로 일어나는 활동이어야 한다.

표 5-1 물체의 움직임 알아보기에서 유아가 배울 수 있는 과학적 지식

물리	마찰	• 물체가 표면 위에서 움직이는 것을 방해하는 힘을 말한다. • 두 개의 물체를 서로 문지르면 마찰이 생긴다. • 표면의 성질은 마찰의 양에 영향을 미친다.
	진자	• 진자의 줄이 길수록 진자가 빨리 움직인다. • 세게 밀수록 진자가 빨리 움직인다. • 힘을 계속 주지 않으면 진자가 움직이는 경로는 점차 작아진다. • 진자가 정지하지 않으려면 진자를 계속 밀어 주어야 한다.
	빛	• 빛은 곧게 나아가는 성질이 있다. • 빛을 통과하는 물체(공기, 유리)와 통과하지 않는 물체(나무, 돌)가 있다. • 물체가 빛에서 멀어질수록 그림자는 점점 작아진다. • 빛은 물속에서 굴절한다.
	소리	• 소리는 여러 가지가 있다. • 소리는 공기의 진동에 의해 생긴다. • 소리는 물체를 통해 전달된다.
	전기	• 물체에는 전기가 통하는 것과 통하지 않는 것이 있다. • 정전기는 마찰에 의해 일어난다. • 정전기는 작은 물체를 끌어당기는 힘이 있다.
	중력	• 모든 물체는 아래로 떨어진다. • 경사도가 높을수록 빨리 굴러간다.
	저항	• 공기에는 힘(저항력)이 있다. • 낙하산은 물체를 천천히 떨어지게 한다. • 낙하산에 단 물건이 가벼울수록 천천히 떨어진다. • 낙하산이 넓을수록 천천히 떨어진다.
	자석	• 자석에는 N극과 S극이 있다. • 자석은 같은 극끼리는 서로 밀어내고 다른 극끼리는 서로 끌어당긴다. • 물체에는 자석에 붙는 것과 붙지 않는 것이 있다. • 자석의 힘은 물체(종이, 유리, 모래, 물)를 통과한다.

화학	고체	• 모양이 일정하다. • 눈으로 보고 손으로 만질 수 있다. • 가루로 된 것도 있다.
	액체	• 모양이 일정하지 않다. • 손으로 잡을 수 없다. • 흘러내린다.
	기체	• 눈으로 볼 수 없다. • 손으로 잡을 수 없다.
	물	• 물은 0도 이하가 되면 얼음이 된다. • 물을 끓이면 수증기로 변한다. • 물은 온도가 높을수록 물질을 더 빨리 녹인다.
	색깔	• 두 가지 색을 섞으면 다른 색이 된다. • 빨, 노, 파를 섞으면 검은색이 된다.
	요리	• 물의 양에 따라 반죽의 농도가 달라진다. • 열에 의해 음식의 색, 질감 등이 변한다.

출처: 한유미(2015).

물체와 물질의 변화에 대한 활동도 일상생활에서 다양하게 경험할 수 있다. 가루의 특징에 대해 알아보기, 다양한 그릇에 물 부어 보기, 공기가 있음을 알아보기 등의 활동이 있다. 또한 물(액체)의 온도를 높이면 공기(기체)가 되고 온도를 낮추면 얼음(고체)이 되는 활동을 통해 물체와 물질의 변화되는 과정을 직접 관찰하는 것이 좋다.

그림 5-2 물의 상태 변화

조부경 등(2016)은 유아가 일상생활에서 여러 가지 물체와 물질에 대한 경험을 가지며, 가장 기본이 되는 것이 고체, 액체, 기체에 대한 개념이라고 언급하였다. 즉, 물의 증발, 응고, 융해에 대한 유아의 개념이 어떻게 변화하는지를 살펴보면 유아의 물체와 물질에 대한 개념이 형성되는 과정을 이해할 수 있다는 것이다. 예를 들어, 물의 증발에 대한 유아의 개념특성이 어떻게 발달되는지를 살펴본 연구에서 유아들은 물의 상태 변화에 대한 개념이 없으며 지각적인 수준으로 이해한다는 것이다. 대부분의 5세 유아들은 '물이 어디로 갔을까?'라는 질문에 물이 '사라졌다', '흡수되었다', '말랐다', '종이 속에 스며들었다', '날아가 버렸다'는 반응을 하는데, 이는 유아가 물의 증발에 대해 논리적으로 이해하지 못함을 보여주는 것이다. 또한 유아는 물의 증발에 대해 통합적인 판단을 하지 못하고 증발과 관련된 상황이 달라지면 다르게 설명하는 상황의존성을 보인다. 즉, 유아는 유리판의 물이 증발된 상황에 대해서는 사라졌다거나 없어졌다고 표현하고 종이 위의 물이 증발한 경우에는 흡수되었다고 표현하였다(고영미, 2001; 조부경 외, 2002). 이러한 사례는 유아가 증발이 일어난 상황에 대해 서로 다른 반응을 보임을 보여주는 예이다.

대부분의 5세 유아는 응고 및 융해에 대한 개념에서도 지각적 수준의 개념을 보여준다(조부경 외, 2016). 얼음 빙수 활동을 하면서 '왜 물이 얼음이 될까?'라는 질문에 유아들은 주로 '모르겠다.', '냉동실에서 얼음이 언다.', '차갑게 하거나 추우면 언다.'라는 표현을 하는 것을 관찰할 수 있다(김효남 외, 2000). 얼음 빙수 활동에서 융해에 대한 개념을 관찰한 결과 '왜 얼음이 녹을까?'라는 질문에 '햇빛 때문에 녹는다.', '손 때문에 녹는다.', '따뜻하니까 녹는다.'와 같은 지각적 수준의 대답을 한다는 것이다. 따라서 물질의 상태 변화와 관련된 활동을 할 때 교사는 유아가 어떤 개념을 가지고 있는지에 대한 면밀한 관찰을 토대로 유아의 물질에 대한 개념 수준을 파악한 후 유아의 수준에 적합한 과학활동을 계획해야 한다.

물체와 물질의 변화와 관련된 과학활동을 통해 물체와 물질에 대한 과학적 지식을 높일 때 유념해야 할 기본적인 원리는 다음과 같다.

- 물체의 변화를 일으키는 활동을 준비한다(예: 물속에 넣기, 열 가하기, 기름에 열 가하기, 오븐에서 익히기, 냉장고에서 식히기).
- 유아가 스스로 지식을 구성할 수 있는 기회가 제공되는 활동이어야 한다.
- 재구성활동과 혼합활동을 할 때 변화를 관찰할 수 있도록 한다.
- 변화의 결과물(product)보다 변화의 과정(process)에 집중할 수 있는 활동이어야 한다.

물질과 물체 개념에 관한 유아의 반응

1. 유아의 공기 관련 개념(채희준·이종희, 2004)
   1) 유아의 공기 개념 발달
      - 1단계(4세 8개월): 공기에 대한 이해가 없는 단계
      - 2단계: 공기를 연기 또는 바람과 동일시하는 단계
        * 2-1단계(5세): 공기를 연기와 동일시하는 단계
        * 2-2단계(5세 11개월): 공기를 바람과 동일시하는 단계
      - 3단계(6세 2개월): 공기는 인간의 생명유지를 위해 필요하나 실내에는 존재하지 않는다고 생각하는 단계
      - 4단계(6세 8개월): 공기는 어디에나 항상 존재한다는 개념이 형성되는 단계
   2) 유아의 물체 안의 공기 개념 발달
      - 1단계(4세 9개월): 물체 안에는 공기가 존재하지 않는다고 생각하는 단계
      - 2단계(5세 8개월): 물체 안의 공기는 실외의 공기가 들어간 것이라고 생각하는 단계
      - 3단계(6세): 물체 안의 공기는 도구나 인위적인 힘을 이용하여 넣은 것으로 바깥의 공기와는 다르다고 생각하는 단계
   3) 유아의 바람 개념 발달
      - 1단계(5세 6개월): 바람은 물체나 대상을 흔들리게 하는 것
      - 2단계(5세 10개월): 바람은 실외에서만 부는 차가운 것
      - 3단계(6세 9개월): 바람은 먼 곳으로부터 불어오는 것
2. 유아의 고체, 액체, 기체의 압력 개념
   - 고체 압력의 크기와 방향: 비과학적 반응과 지각적 반응을 주로 보인다.
   - 액체 압력의 크기와 방향: 비과학적 반응과 지각적 반응을 주로 보인다.
   - 기체 압력의 크기와 방향: 비과학적 반응과 지각적 반응을 주로 보인다.
3. 유아의 열과 온도 개념(Paik, Cho & Go, 2007)
   - 유아는 온도를 양적 개념으로 이해한다.
   - 일상생활의 경험과 관련하여 지각적 수준에서 이해한다.
   - 물질의 성질로 이해한다.
   - 개념이 확고하지 못하고 상황 의존적이다.
4. 유아의 물에 뜨고 가라앉는 현상 관련 개념
   - 물활론적이며 의무적 당위성에 기초하여 이해한다.
   - 사물이 뜨는 이유를 일관성 없이 제시한다.
   - 크기나 무게 등 물체의 특징으로 이해하며 나름대로 일관성이 있으나 크기와 무게가 서로 다를 경우에는 혼란을 느낀다.

출처: 조부경·고영미·남인석(2016).

물체와 물질과 관련된 참고자료

- 관련 책 : 물체와 물질은 어떻게 다를까요?(정소영/천재교육)
  말랑말랑 까끌까끌(황근기/한국헤르만헤세)
- 관련 영상 : https://www.youtube.com/watch?v=wxE48A3BFjM
- 물 위에 뜨는 물체와 가라앉는 물체 : https://www.youtube.com/watch?v=vs5Wh5cbW34
- 물체와 물질 강의 : t-science.tistory.com/m/post/4
- 관련 프레지 : https://prezi.com/qlbfzmtgrizh/presentation/

CHAPTER 06

생명체와 자연환경

이 장은 생명체와 자연환경에 대해 알아본다. 먼저 생명체와 자연환경의 이해를 위해 출생과 성장, 동물과 식물, 생명체를 소중하게 여기기와 자연의 소중함에 대한 내용을 제시하였다.

1. 생명체와 자연환경에 대한 이해

생명체(생물)는 생명이 있는 모든 것을 총칭하는 말로, 보통 동물과 식물 또는 사람 등 모든 살아 있는 존재를 주로 일컫는다. 생명체는 가장 작게는 박테리아(세균)부터 고래, 코끼리, 사람 등에 이르기까지 다양한 생물이 존재하며, 생명들끼리 복잡한 관계를 맺고 있다(위키백과). 자연환경은 지구의 모든 생물과 무생물을 아우르는 상태를 일컫는 말로, 일반적으로 환경이라 말하는 경우는 자연환경을 의미한다. 대한민국「환경정책기본법」제3조2항 자연환경에서는 자연환경을 '지하 · 지표(해양을 포함한다) 및 지상의 모든 생물과 이들을 둘러싸고 있는 비생물적인 것을 포함한 자연의 상태(생태계 및 자연경관을 포함한다)'로 정의하고 있다.

1) 출생과 성장

유아는 생명체, 무엇보다 자신의 신체에 대해 매우 흥미로워하며, 자신의 출생과 성장에 대해서도 많은 흥미를 가지고 있다(이민정 외, 2012). 이러한 이유로 유아는 "나는 어떻게 태어났어요?", "아기가 어떻게 생겨요?"라는 질문을 자주하게 된다. 그러나 인간의 출생은 유아가 직접 경험해 볼 수 있는 상황이 아니기 때문에 유아에게 있어 인간의 탄생과 출생은 추상적이고 모호한 것이다(최예린 · 한주희, 2013). 따라서 유아에게 탄생과 출생에 대해 설명하기 위해서는 그림책, 동영상, 사진자료 등의 다양한 매체를 통해 간접적으로 설명해 주어야 한다. 특히 유아에게 그림책을 활용하여 탄생과 출생에 대한 주제를 탐색하는 것이 좋다. 그림책은 탄생과 출생과 관련하여 다양한 주제, 즉 정자와 난자의 만남, 엄마의 자궁에서 자라기, 엄마 몸의 변화, 출산하기, 작은 씨앗으로부터 시작한 생명, 모체와 연결된 생명, 탯줄 자르기, 출생 후 첫 울음 터트리기, 한 생명이 주는 벅찬 감동, 가족 간의 화합 등을 다루고 있기 때문이다(최예린 · 한주희, 2013). 3~5세 누리과정에서도 자연탐구영역의 내용범주 중 과학적 탐구하기에서 '생명체와 자연환경 알아보기'의 세부내용으로 '나의 출생과 성장에 대해 관심을 갖는다(3~4세).', '나와 다른 사람의 출생과 성장에 대해 알아본다(5세).'가 명시되어 있다(방인옥 · 박찬옥 · 이기현 · 김은희, 2013).

생명체는 어떻게 생겨났을까?

화학 진화설(오파린 가설)에 따르면 약 46억 년 전 원시 지구의 표면은 격렬한 화산 활동과 운석의 충돌로 인해 매우 뜨거운 상태였다고 한다. 그러나 온도가 점차 내려가면서 지구에는 지각과 핵 그리고 대기들이 생기기 시작했고, 지구의 온도가 더욱 내려가면서부터는 표면이 단단해졌으며 원시 대기에 많이 존재하던 수증기도 물이 되어 표면에 고이면서 바다가 생성되었다.
당시 지구의 원시 대기는 수소(H_2), 수증기(H_2O), 암모니아(NH_3), 메테인(CH_4)과 같은 환원성 기체로 구성되어 있었다. 또한 원시 지구는 오존층이 없어서 태양의 자외선이 그대로 지구에 도달하였고, 빈번한 번개, 활발한 화산 활동 등 유기물을 합성하는 데 필요한 에너지가 풍부하였다.
이처럼 지구의 대기에 풍부하게 존재하던 무기물이 강력한 에너지를 흡수하여 단순한 유기물로 전환되고, 이 단순한 유기물이 점차 복잡해져 최초의 생명체가 탄생하였다는 가설을 '화학 진화설'이라고 한다.

출처: 전성호(2017).

2) 동물과 식물

대부분의 유아는 동물을 좋아하고 동물에 대해 많은 관심과 흥미를 보인다. 따라서 동물은 유아교육기관에서 가장 많이 다루어지는 주제 중 하나이다. 유아는 동물에 대한 학습을 통해 크기, 모양, 수, 색, 질감, 무게, 냄새, 소리, 영양 등 많은 개념을 이해하고 개별 동물과 관련된 특수한 개념이나 동물을 범주에 따라 분류하는 능력을 습득할 수 있다(한유미, 2015). 이러한 내용을 보더라도 동물은 유아의 삶과 밀접한 관련성을 가지고 있음을 알 수 있다. 또한 유아교육기관에서 경험하는 동물과 관련된 다양한 활동을 통해 유아는 동물에 대한 구체적인 지식을 습득하게 되고 이러한 지식을 통해 유아의 사고는 더욱 확장되고 자신을 둘러싼 주변 세계에 대한 이해가 넓어진다(〈표 6-1〉 참조).

표 6-1 '동물에 대해 알아보기'에서 유아가 배울 수 있는 과학적 지식

동물	동물의 종류	• 동물에는 여러 가지 종류가 있다. – 포유류: 알이 아닌 새끼를 낳는다(예: 토끼, 고래). – 조류: 깃털과 날개가 있다(예: 독수리, 비둘기). – 파충류: 몸이 비늘이나 딱지로 싸여 있고 동면을 한다(예: 뱀, 악어). – 양서류: 어류와 파충류의 중간으로 땅 위나 물에서 산다(예: 개구리, 두꺼비). – 어류: 지느러미로 헤엄을 친다(예: 금붕어, 상어). • 먹이에 따라서는 초식동물(예: 말), 육식동물(예: 호랑이), 잡식동물(예: 사람)이 있다. • 동물이 생활하는 곳은 땅 위(예: 개), 땅속(예: 두더지), 물(예: 금붕어), 하늘(예: 독수리) 등 다양하다.
	동물의 특징과 이름	• 동물의 각 부분은 중요한 목적을 갖고 있다(예: 날개, 다리, 껍질, 눈, 꼬리, 입, 발, 코, 팔, 부리, 더듬이). • 동물은 식물과 달리 다양한 방법으로 움직인다(예: 걷기, 수영하기, 날기, 기기, 날개나 지느러미 또는 꼬리를 이용해서 움직이기). • 동물은 다양한 방법으로 자신을 보호한다(예: 변색, 발톱, 뿔, 독이 있는 이빨, 침). • 동물은 각기 다양한 물리적 특성을 갖고 있다(예: 토끼[귀], 코끼리[코], 기린[목] 등).
	동물의 성장	• 동물은 성장하면서 변화한다(예: 알 → 올챙이 → 개구리). • 동물의 새끼는 어미와 비슷할 수도 있고(예: 사마귀) 그렇지 않을 수도 있다(예: 백조). • 동물의 새끼는 이름이 따로 있는 경우도 있다(예: 개–강아지).
	동물과 인간의 관계	• 인간에게 이로운 동물도 있다(예: 소[음식], 양[옷], 말[교통수단], 개[맹인 안내], 고양이[애완동물] 등). • 인간에게 해로운 동물도 있다(예: 뱀[독], 바퀴벌레[병균]). • 수의사는 아픈 동물이나 다친 동물을 치료해 주는 사람이다.

출처: 한유미(2015).

유아의 생물에 대한 개념

1. 생물에 대한 유아의 개념특성
   - 생물에 대한 이해가 비생물에 대한 이해보다 빠르며, 생물에 대해 동물과 인간 중심으로 이해한다.
   - 살아 있는 생물의 가장 큰 특징은 움직임이라고 생각한다.
   - 연령이 높아질수록 움직임뿐 아니라 생물의 다른 특성(성장, 죽음, 호흡, 영양)에 대해서도 이해한다.
2. 맥락적 단서가 생물 개념에 미치는 영향
   - 유아는 자신이 잘 모르는 생물의 특성을 이해하기 위해 자신이 잘 아는 인간에 대한 개념을 맥락적 단서로 활용한다.
   - 유아는 자신이 잘 모르는 생물의 특성을 이해하기 위해 이전에 자신이 경험한 생물의 특성을 맥락적 단서로 활용한다.
3. 유아는 자신이 잘 모르는 생물에 대해 맥락적 단서가 있는 상황에서 보다 쉽게 이해한다.

출처: 조부경·고영미·남인석(2016).

유아는 호기심이 많기 때문에 주변의 여러 가지 사물이나 자연현상에 대해 궁금해 하고 구체적인 경험을 통해 주변 세계를 이해하게 된다. 이러한 유아의 성향을 고려해 볼 때 다양한 자연물 중에서도 식물과 관련된 경험은 자연의 법칙을 이해할 수 있으며 생명 경외 사상과 자연에 대한 긍정적인 태도를 기르게 된다. 또한 식물은 인간에게 매우 중요한 존재이며 유아에게는 놀이와 탐구의 대상인 동시에 휴식과 안정을 제공해 준다(한유미, 2015). 이러한 이유로 유아교육현장에서는 다양한 형태의 활동이 진행되어 왔다. 특히, 유아는 식물 기르기를 통해 식물의 색, 선, 형태, 구조 등의 조형적 형태와 과학적 지식을 습득하게 되고 자연의 변화를 이해하게 된다. 이와 더불어 유아의 심미감이 발달되며 의사소통 기술이 좋아지는 등 유아의 전인적 성장과 발달이 도모된다(이경우 · 이정환, 1996).

식물 기르기를 통해 유아는 식물이 성장하는 과정에서 관찰되는 다양한 곤충과 자연물의 역할을 함께 인식하게 되며, 흙과 식물을 만지고 가꾸고 재배하는 즐거움을 느껴 환경교육이 자연스럽게 일어나게 된다. 또한 식물을 기르면서 유아는 식물의 유용함과 아름다움을 느끼고 식물을 보호하기 위해 관심과 사랑이 필요함을 깨닫게 된다(교육과학기술부, 2012). 이러한 활동을 위해 유아교육기관에서는 실내에서 화분을 길러 식물을 탐색할 수 있도록 하고 실외에서는 텃밭이나 정원을 만들어 식물을 자주 관찰할 수 있는 환경을 만들어 주는 것이 필요하다. 이와 더불어 유아가 식물과 관련한 실제적인 경험을 할 수 있도록 근처 공원이나 숲, 산, 식물원 등으로 현장학습을 가서 자주 자연을 느끼고 경험하는 기회를 가지는 것이 좋다.

식물의 성장과정은 지속적으로 관찰하는 경험을 통해 이루어져야 유아의 호기심이 식물에 대한 깊이 있는 탐구로 확장될 수 있다. 지속적인 탐구가 이루어지기 위해서는 한 번에 많은 것을 알아보는 것보다는 유아 스스로 반복적으로 탐색하고 발견해 내는 탐구 경험이 중요하므로, 유아가 탐구 자체를 즐기는 태도가 생활화되도록 식물의 꽃씨나 모종 심기에서 성장과 재배에 이르기까지 성장의 전 과정에 참여하도록 한다(교육과학기술부, 2008). 또한 식물과 관련된 탐구활동을 할 때 결과 중심의 탐구활동보다는 탐구와 발견의 과정 속에서 다양한 유형의 상호작용이 이루어

표 6-2 식물에 대해 알아보기에서 유아가 배울 수 있는 과학적 지식

식물	구조	• 식물은 뿌리, 줄기, 잎을 갖고 있다. • 대부분의 식물은 씨앗이 있다. • 뿌리나 씨앗이 없는 식물도 있다. • 뿌리는 물을 흡수한다.
	성장	• 식물은 살아 있다. • 식물이 자라기 위해서는 물, 햇빛, 영양분, 온도, 공기가 필요하다. • 식물은 계절에 따라 변화한다(예: 단풍).
	용도	• 식물은 인간에게 그늘을 만들어 준다. • 식물은 인간에게 목재, 종이, 의복(면)을 제공해 준다. • 식물은 인간에게 깨끗한 공기를 준다. • 식물은 인간이 먹을 수 있는 열매나 씨앗을 만든다. • 독이 있거나(독버섯) 인간에게 해를 끼치는 식물(잡초)도 있다.

출처: 한유미(2015).

지는 과정 중심의 교수방법이 더 효과적이다(이경민, 2004). 몇몇의 유아와 함께하는 소집단 형식의 상호협력적 토의 활동을 하면서 유아가 주도하는 직접적 경험과 자료 탐색을 할 수 있는 교수방법을 활용하는 것이 바람직하다(김효진 · 권민균, 2007).

3) 생명체를 소중하게 여기기와 자연의 소중함

유아기는 인격 형성의 기초적 시기인 동시에 결정적 시기이다. 이 시기에 형성된 가치관, 생활태도, 그리고 행동양상은 성인이 된 이후에도 많은 영향을 미치게 되므로, 유아가 자연을 가까이하여 친밀감을 형성하고, 나아가 자연에 대한 깊은 관심을 가지고 호기심과 탐구심을 발현할 수 있는 과정을 경험하게 하는 것이 필요하다. 자연은 유아에게 가장 좋은 친구이자 놀이터이다. 유아는 자연을 직접 체험함으로써 건강한 신체발달, 안정감과 심미감, 자아존중감, 타인과의 협동과 배려, 자연에 대한 경외심, 언어적인 표현력의 증가, 호기심과 탐구심의 증가를 가져올 수 있다(황의명 · 조형숙, 2001).

그림 6-1 생명체와 자연의 소중함

인간은 오래전부터 자연과 함께 생활해 왔다. 그러나 오늘날 급속한 과학기술의 발달로 인간과 자연이 분리되었고, 자연이 인간 삶의 증진을 위한 도구로 간주되어 비인간화 현상 및 환경오염 문제가 심각하게 나타나고 있다. 현대사회의 유아는 자연 안에서 자연을 느끼며 뛰어노는 대신 텔레비전, 컴퓨터, 스마트폰을 가지고 놀면서 정보를 능동적으로 접하기보다는 기계가 주는 정보를 받아들이는 수동적 존재가 되었다.

산업화, 기계화, 도시화는 외형적으로는 인간의 생활환경을 인류 역사상 그 어느 때보다도 깨끗하고 편리하게 만들어 주었다. 그러나 그 이면에는 여러 가지 문제가 강도를 더해 가며 발생하고 있다. 기후의 변화에 따른 자연재해, 각종 암 및 아토피 피부병, 기형아 및 조산아 출산율 증가 등도 모두 그에 따른 결과들이다. 20세기 들어서 인간이 공기와 토양, 하천과 바다를 모두 오염시켰고 그 결과 되돌릴 수 없는 재난을 불러온 것이다(Carson, 2002). 세계자연보전연맹(IUCN)은 4만여 종의 조사 대상 중 1만 6,119종이 멸종 위기에 처해 있다고 발표하고 있어(한겨레신문, 2006) 산업화 이후 우리는 예측불허의 위험사회가 진행되는 중에 살고 있는 것이다(Beck, 1999). 이러한 문제점을 인식하고 우리나라는 3~5세 누리과정에서 지구 환경 시대를 준비할 수 있는 생태계에 대한 이해를 폭넓게 다루고 있다. 또한 다양한 형태의 자연친화적 프로그램에 대한 연구들과 인간중심주의적 · 도구적 자연관을 벗어 버리고 생태계의 모든 만물의 권리를 인정하며 더불어 공생하려는 쪽으로 인간들의 의식이 전환되어야 함을 강조하고 있다(김은주, 2004; 박낙규, 2001; 양옥승, 2001; 위형윤, 2003; 장희익, 2001). 이를 위해 유아기부터 자연 속에서 직접적인 경험과 놀이 중심의 활동을 강조하고 있다. 즉, 인간과 환경과의 생태적인 관련성을 이해하고 환경을 구성하는 여러 요소들 간의 관련성과 상호의존성에 대한 지식, 환경에 대한 올바른 태도를 갖도록 하여 일생에 걸쳐 바른 가치관을 가지고 실천하는 삶을 살도록 하는 것을 강조하고 있는 것이다(최남숙, 2004; 최미현, 2000). 환경부에서 발표한 『환경백서』에서도 '유아기부터 자연을 사랑하고 인간을 포함한 생태계 전 구성원 간의 상호의존적인 관계를 교육해야 한다.'고 강조하고 있다.

자연친화적 프로그램은 유아의 사회 · 정서 발달 및 환경태도를 긍정적으로 변화시킨다(권은희 · 이기현, 2004). 이와 더불어 이 프로그램은 유아의 자연 및 생명에 대한 존중감을 형성하고 자연친화적 태도를 증진시킨다고 밝히고 있다(김세진, 2005; 박언휘, 2004; 유혜민, 2004; 허연숙, 2005). 따라서 유아기부터 환경문제의 심각성을 인식시키고 유아교육에서 자연친화 교육이 효율적으로 이루어지도록 하기 위해서는 일상생활 가운데 자연을 체험하도록 하고 정신적인 생생함을 갖게 하여(홍은주, 2003), 유아에게 자연을 이해하고 사랑하는 태도와 실천능력을 키워 주는 것을 강조하고 있다(황의명 · 조형숙, 2001).

유아교육기관에서 자연친화교육을 할 수 있는 방법으로는 유치원 주변을 산책함으로써 자연을 접하는 방법과 유아교육기관 내에 자연관찰영역을 구성하여 자연을 경험하도록 하는 방법이 있다(홍은주, 2003). 이 중 유치원 내에 자연관찰영역을 구성하는 것은 자연환경의 한계로 인하여 산책을 하기 어려운 유아교육기관의 유아가 자연을 곁에 둘 수 있도록 하는 데 매우 유용한 방법이다. 유아는 직접적이며 지속적으로 자연을 경험하는 가운데 자연을 알고자 하는 동기가 강화되고, 소중히 다루는 체험을 통해 자연에 대한 가치를 인식하게 되며, 자연의 생태학적인 개념을 획득하여 자연과 인간의 관계를 깨닫게 된다. 자연관찰영역 구성활동에는 동물 기르기, 식물 기르기, 자연물을 활용한 공간 구성하기 등이 포함된다. 유아는 살아 움직이는 생물체를 보며 자연에 관심을 갖기 시작하며, 동물 기르기는 유아와 동물 간에 상호작용이 원활하게 이루어지므로 보다 효과적으로 자연과 인간의 관계를 이해하도록 도울 수 있다(조영진, 2004).

생명체와 자연환경과 관련된 참고 자료

- 관련 책 : 멀리 더 멀리 가까이 더 가까이(르네 메틀레르 · 이정주 역/스푼북)
- 우리나라의 아름다운 자연환경을 다룬 동영상 :
  https://www.youtube.com/watch?v=d0vF4vEcpPY&feature=youtu.be
- 원시지구에서 생명의 탄생을 다룬 동영상 :
  http://terms.naver.com/entry.nhn?docId=2441968&cid=51642&categoryId=51643#api
- 레고를 활용한 환경보호 캠페인 동영상 :
  http://serviceapi.nmv.naver.com/flash/convertIframeTag.nhn?vid=2BA9E078B7A04BEF21BDBA6B3D1A47100729&outKey=V128ff7abb509d40f4267846a928617f039573dcac4662bd3df8c846a928617f03957&width=720&height=438

CHAPTER 07

자연현상

이 장은 자연현상에 대해 알아본다. 먼저 자연현상에 대한 이해에서는 돌, 물, 흙 등 자연물, 낮과 밤 그리고 계절의 변화, 날씨와 기후에 대한 내용을 제시하였다.

1. 자연현상에 대한 이해

누리과정에서는 자연현상에 대해 돌, 물, 흙 등 자연물, 낮과 밤, 계절의 변화, 그리고 날씨와 기후에 대한 내용을 제시하고 있다. 자연현상에서 제시되고 있는 내용들은 유아의 일상생활과 매우 밀접한 관련성을 가지고 있다.

1) 돌, 물, 흙 등 자연물

흙의 생성과정에는 돌, 물, 바람, 풍화작용 등이 관련이 있다. 흙과 암석은 건물을 짓거나 연료로 사용될 수 있으며 식물을 자라게 해 준다.

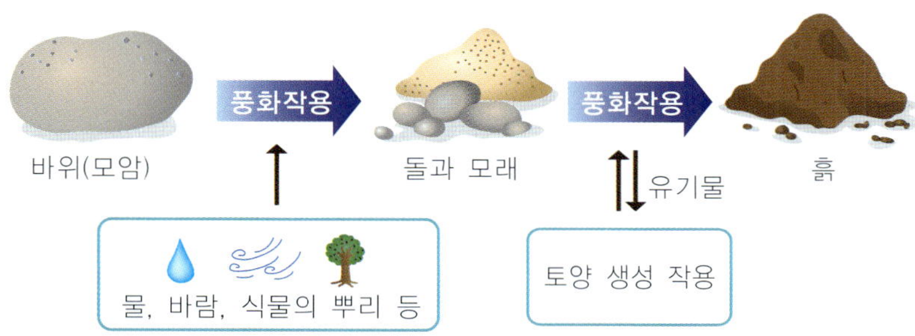

그림 7-1 풍화작용

2) 낮과 밤, 계절의 변화

낮은 태양이 지평선 위로 떠올라서 지평선 아래로 질 때까지의 시간으로, 일반적으로는 아침부터 저녁까지 태양이 떠 있는 동안을 말한다. 밤은 태양이 지평선 아래로 져서 보이지 않게 되어 다음 날 지평선 위로 떠오를 때까지의 시간으로, 일반적으로는 태양이 져서 어두워진 때부터 다음 날 태양이 떠서 밝아지기 전까지를 말한다. 낮과 밤이 생기는 이유는 지구의 자전과 관련이 있다. 지구가 자전을 하면 태양쪽을 향하고 있을 때와 태양의 반대쪽에 있을 때가 생긴다. 지구가 자전하여 우리나라가 태양 빛을 받으면 낮이 되고 태양 빛을 받지 않으면 밤이 된다.

그림 7-2 **낮과 밤**

계절이 생기는 이유는 지구의 공전과 관련이 있다. 기울어진 지구가 태양 주위를 맴돌기 때문에 계절이 생기는데, 태양 둘레를 움직인다고 무조건 계절이 생기는 것은 아니다. 지구의 자전축이 23.5도 기울어져 있기 때문에 계절이 생기는 것이다. 만약 지구의 자전축이 기울지 않고 수직 상태로 있을 경우 우리나라의 위치는 항상 위쪽에 있고 항상 비스듬한 햇빛이 비치게 된다. 이럴 경우 우리나라는 일년 내내 기온이 변하지 않고 가을과 같은 날씨가 계속된다. 지구의 자전축이 기울어 있기 때문에 우리나라의 위치는 위쪽이었다가 중간에 오게 된다. 위치가 위쪽일 때는 햇빛이 비스듬히 비치지만, 가운데 있을 때는 햇빛이 똑바로 비친다. 이렇게 햇빛이 비스듬히 비치는가 똑바로 비치는가에 따라 기온이 달라지고 계절이 생기게 된다.

자전축이 수직일 때: 일년 내내 기온 변화가 거의 없다.

자전축이 기울어져 있을 때: 기온이 변해서 계절이 생긴다.

그림 7-3 **지구 자전축과 계절**

3) 날씨와 기후

날씨는 특정 지역에서 일정한 시간에 나타나는 기상 현상이며, 기후는 어느 지역에서 오랜 기간 동안 나타나는 날씨의 평균 상태로, 날씨보다 범위가 더 넓다. 날씨와 기후는 인간의 삶과 밀접한 관계를 가지고 있으며 인간에게 미치는 영향력은 매우 크다. 날씨나 기후에 따라 인간이 할 수 있는 일과 할 수 없는 일이 결정된다. 또한 날씨와 기후는 인간의 감정에도 영향을 미쳐 너무 덥거나 추운 경우 화를 내거나 움츠러들어 아무것도 할 수 없는 상태가 되기도 한다. 따라서 날씨와 기후는 인간의 삶과 매우 밀접한 관련성을 가지고 있다.

유아가 날씨와 기후와 관련된 활동을 할 경우에는 유아가 직접 날씨와 기후를 경험하는 것이 가장 바람직하다. 더운 날씨에 관한 활동은 여름에, 비가 오는 날씨에 대해서는 비가 오는 계절에, 눈이 오는 날씨에 대해서는 눈이 오는 계절에 진행하는 것이 효과적이다. 유아가 직접 경험할 경우에는 이에 대한 느낌을 쉽게 표현할 수 있고 이를 바탕으로 이야기 나누기를 훨씬 효과적으로 나눌 수 있기 때문이다. 유아와 함께할 수 있는 자연현상에 관한 내용과 과학적 지식은 〈표 7-1〉에 제시되었다.

표 7-1 자연현상에 대해 알아보기에서 유아가 배울 수 있는 과학적 지식

천체	하늘	• 하늘에는 해, 달, 별이 있다. • 하루에는 밤과 낮이 있다.
	해	• 해는 낮에 볼 수 있다. • 해는 매일 동쪽에서 떠서 서쪽으로 진다. • 해는 빛과 열을 내고 지구를 따뜻하게 한다. • 해는 그림자를 만든다.
	달	• 달은 밤에 볼 수 있다. • 달은 지구의 둘레를 돈다. • 달의 모양은 규칙적으로 변화한다(초승달, 상현달, 보름달, 하현달, 그믐달).
	별	• 별은 밤에 볼 수 있다. • 태양을 중심으로 모여 있는 별들을 태양계라고 한다(수성, 금성, 지구, 화성, 목성, 토성, 천왕성, 해왕성).
	지구	• 지구는 둥글다. • 지구는 해의 둘레를 돈다. • 지구에는 중력이 있다.
지질	땅	• 땅은 들, 산, 사막 등으로 이루어져 있다. • 들, 산, 사막은 각기 다른 특성을 갖고 있다. • 바위, 흙, 돌, 모래는 각기 다른 특성을 갖고 있다. • 부서진 바위는 돌, 흙, 모래가 된다. • 흙은 식물의 성장을 도와준다. • 화산은 땅속 마그마가 밖으로 터져 나와 이루어진 산을 말한다. • 아주 오래전에 있었던 동식물의 흔적이 남아 있는 것을 화석이라고 한다. • 지구의 표면은 변화한다(예: 느린 변화–풍화, 침식/급격한 변화–화산폭발, 지진, 산사태).
	물	• 물은 색, 맛, 냄새, 형태가 없다. • 지구 표면은 대부분 강, 호수, 바다 등 물로 이루어져 있다. • 바닷물은 짜다. • 바닷물은 깊다. • 물은 순환한다(예: 비 → 강 → 바다, 생활하수 → 정화수). • 물은 깨끗하게 보존되어야 한다.
	공기	• 공기는 우리 주위 모든 곳에 존재하며 지구를 둘러싸고 있다. • 공기는 색, 맛, 냄새가 없고 눈에 보이지 않는다. • 공기는 대부분 질소와 산소로 이루어져 있다. • 오염된 공기는 생물에게 피해를 준다. • 공기는 공간을 차지하고 압력과 무게를 갖고 있다. • 더운 공기는 위로 올라가고 차가운 공기는 아래로 내려간다.

계절	봄	• 따뜻하다. • 새싹이 돋고 꽃이 핀다. • 겨울잠을 자는 동물이 깨어난다(예: 곰, 개구리). • 사람들의 옷이 가벼워지고 색깔이 밝아진다.
	여름	• 무덥고 비가 많이 온다. • 나뭇잎이 무성해지고 색깔이 진해진다. • 곤충을 많이 볼 수 있다. • 햇볕이 강해서 모자나 선글라스가 필요하다.
	가을	• 날씨가 선선해진다. • 단풍이 들고 낙엽이 진다. • 철새가 따뜻한 곳을 향해 날아간다. • 추수를 해야 하므로 농부가 바빠진다.
	겨울	• 춥고 눈이 온다. • 나뭇잎이 떨어지고 가지만 남는다. • 어떤 동물은 겨울잠을 잔다(예: 곰, 개구리). • 눈싸움을 하거나 스케이트, 스키, 썰매 등을 탈 수 있다.
기상	바람	• 공기의 흐름을 바람이라고 한다. • 바람의 종류는 다양하다(예: 태풍, 폭풍, 미풍, 회오리바람). • 바람은 여러 가지 일을 한다(예: 연날리기, 빨래 말리기, 풍차, 씨앗 퍼뜨리기). • 바람은 사람에게 피해를 주기도 한다(예: 태풍).
	비	• 공기 중의 수증기가 식어서 물방울이 되어 땅에 떨어지는 것이다. • 비의 굵기는 다양하다(예: 소나기, 이슬비). • 비가 그쳤을 때 해의 반대쪽 하늘에 일곱 색깔의 무지개가 뜬다. • 비가 오면 사람들은 우산이나 장화, 비옷을 사용한다. • 비는 사람에게 피해를 줄 수 있다(예: 폭우, 산성비).
	눈	• 기온이 0℃ 이하일 때 공기 중의 수증기가 얼어서 땅에 떨어지는 것이다. • 눈은 흰색이다. • 눈송이는 일반적으로 육각형 모양이다.
	구름	• 구름은 공기 중의 수증기가 엉기어 미세한 물방울이나 얼음 상태로 떠 있는 것이다. • 구름의 색깔은 여러 가지다(흰색, 회색, 검은색). • 흰색 구름은 높은 하늘에, 회색이나 검은색 구름은 낮은 하늘에 떠 있다. • 구름에는 여러 가지 종류가 있다(비늘구름, 뭉게구름, 새털구름, 양떼구름 등). • 구름은 공기의 흐름에 의해 끊임없이 모양이 바뀐다.
	번개와 천둥	• 번개는 양전기와 음전기의 구름 사이의 방전현상으로 몹시 빠르게 번쩍이는 빛을 말한다. • 천둥은 번개가 칠 때 하늘이 요란하게 울리면서 소리가 나는 것이다. • 번개와 천둥은 거의 동시에 일어나지만 빛과 소리의 속도가 다르기 때문에 번개가 먼저 번쩍이고 천둥 소리는 나중에 들린다.

출처: 한유미(2015).

유아의 자연현상에 대한 개념

1. 유아의 지구에 대한 개념(이종희·김선영, 2001)
   4세에서 6세 유아를 대상으로 지구의 모양에 대해 언어로 표현하는 연구를 진행한 결과, 대부분의 유아가 지구는 동그라미라는 반응을 보였다. 4세와 6세 유아들이 5세 유아보다 동그라미라고 더 많이 반응하였다. 5세 유아의 반응이 4세 유아보다 적은 것은 언어적 개념의 미숙함보다는 5세의 표상과정이 보다 복잡해졌거나 과학적 지식과 실제 경험 간의 모순에 대한 의구심이 증가한 결과라고 할 수 있다. 즉, 과학적 개념이 발달되어 가는 과정 중에 있다고 할 수 있다.
2. 유아의 그림자 개념
   매우 어린 연령의 유아도 물체와 그림자 사이의 유사성을 인식하고 있다.
   연령이 증가할수록 그림자에 대한 개념이 증가한다.

<table>
<tr><th colspan="3">피아제(Piaget)</th><th colspan="3">드브리스(Devries)</th></tr>
<tr><th>수준</th><th>연령</th><th>개념</th><th>수준</th><th>연령</th><th>개념</th></tr>
<tr><td></td><td></td><td></td><td>0수준</td><td>2세</td><td>그림자에 관한 인식이 거의 없거나 없다.</td></tr>
<tr><td rowspan="2">1단계</td><td rowspan="2">5세</td><td rowspan="2">그림자는 물체로부터 생겨나는 것이며 밤도 그림자를 생기게 한다.</td><td>1A 수준</td><td>2~3세</td><td>사물-그림자의 유사적 관계</td></tr>
<tr><td>1B 수준</td><td>2~5세</td><td>사물-그림자와 사물-스크린 사이의 관계를 근접된 인과관계로 통합할 수 있다.</td></tr>
<tr><td>2단계</td><td>6~7세</td><td>계속해서 그림자는 물체로부터 생겨나는 것이라고 믿으며 빛과 관계 있다는 것을 알기 시작한다.</td><td>2A 수준</td><td>3~6세</td><td>사물-그림자와 사물-스크린 사이의 관계에 있어서 제3의 문제로서의 빛</td></tr>
<tr><td rowspan="3">3단계</td><td rowspan="3">8세</td><td rowspan="3">그림자가 어느 쪽으로 생길지 예측할 수는 있으나 정확한 관계는 알지 못한다.</td><td>2B 수준</td><td>3~9세</td><td>특별한 조명으로서의 빛과 실제적인 문제의 공간적 해결을 위해 탐색하는 단계</td></tr>
<tr><td>2C 수준</td><td>5~9세</td><td>그림자 형성에서 능동적인 역할을 하는 빛</td></tr>
<tr><td>3A 수준</td><td>7~9세</td><td>실제적 지능의 수준에서 관계들에 대한 평형화된 통합이 이루어진다.</td></tr>
<tr><td rowspan="2">4단계</td><td rowspan="2">9세</td><td rowspan="2">그림자에 대해 정확한 설명을 하기 시작한다.</td><td>3B 수준</td><td>8~9세</td><td>공간 관계에 대한 개념적 설명</td></tr>
<tr><td>4수준</td><td>8~9세</td><td>그림자의 일시성에 대한 추론</td></tr>
</table>

출처: 조부경·고영미·남인석(2016).

CHAPTER 08

도구와 기계

이 장은 도구와 기계에 대해 알아본다. 도구와 기계에서는 지레, 도르래, 빗면, 축바퀴, 나사, 생활도구로서의 미디어에 대한 내용을 제시하였다.

1. 도구와 기계에 대한 이해

도구와 기계는 생활의 편리를 위해 인간이 만든 것이다. 도구는 인간의 힘을 필요로 하고 일을 더 쉽고 빠르게 하려고 사용하는 것이다. 반면, 기계는 동력을 사용해서 인간의 힘이 없이도 움직일 수 있다. 따라서 부채와 빗자루는 도구이고 선풍기나 진공청소기는 기계라고 할 수 있다.

그림 8-1 **도구와 기계**

도구와 기계는 여러 가지 종류가 있는데, 지레, 도르래, 빗면, 축바퀴, 나사의 원리는 다음과 같다.

1) 지레

지레는 막대의 한 점을 받치고 그 받침점을 중심으로 물체를 움직이는 장치이다. 받침점의 위치에 따라 물체를 들어올리는 힘의 크기가 달라진다. 지레를 쓴다고 항상 힘이 적게 드는 것은 아니다. 힘점, 받침점, 작용점의 위치에 따라 필요한 힘의 크기는 달라진다. 가위는 받침점이 힘점과 작용점 사이에 있지만, 스테이플러는 작용점이 받침점과 힘점 사이에 있으며 핀셋은 힘점이 받침점과 작용점 사이에 있다(예: 장도리, 병따개, 가위, 시소, 집게).

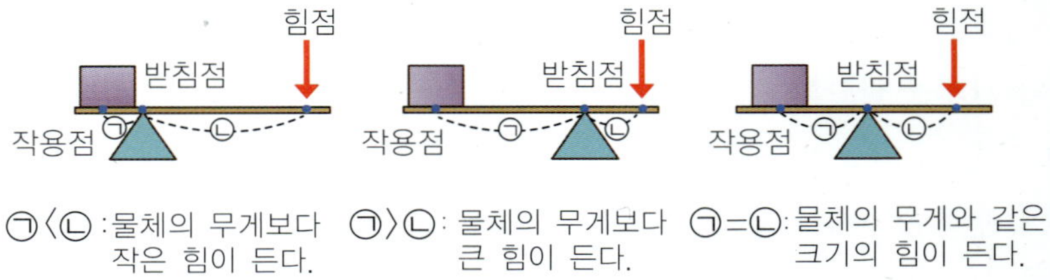

그림 8-2 **지레의 원리**

2) 도르래

바퀴에 끈이나 체인 등을 걸어 힘의 방향을 바꾸거나 힘의 크기를 줄이는 장치이다. 종류는 고정도르래와 움직도르래가 있는데 전자는 힘의 크기는 그대로이고 힘의 방향만 바뀌고, 후자는 줄과 함께 움직이는 도르래로서 힘의 크기는 감소하고 힘의 방향은 그대로이다. 도르래를 사용하면 방향을 쉽게 바꾸거나 힘을 덜 들이고 일을 할 수 있다(예: 기중기, 국기게양대, 곤돌라, 두레박).

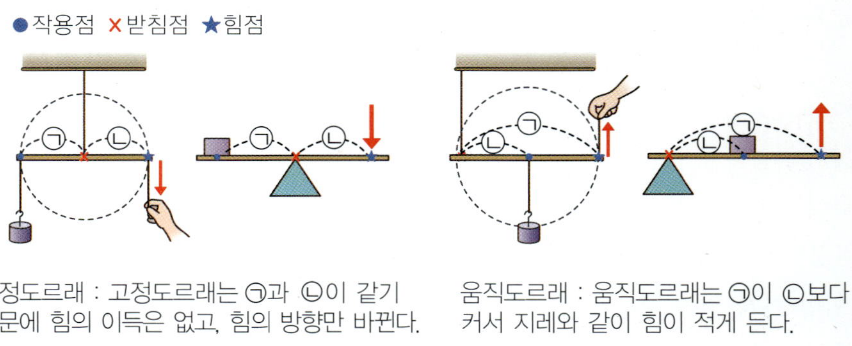

그림 8-3 **고정도르래와 움직도르래**

3) 빗면

빗면은 수평면에 대하여 일정한 각도로 기운 평면을 말한다. 빗면을 이용하여 물체를 끌어올릴 때 필요한 힘은 '무게 × 높이 ÷ 빗면 길이'이다.

빗면이 길수록(경사가 완만할수록) 힘이 덜 들지만 수직으로 높이만큼 들어올리는 것보다 긴 길이를 올려야 한다. 그냥 들어올리는 것이나 빗면을 이용하는 것의 일의 양은 같다(예: 경사로, 등산로, 미끄럼틀, 덤프트럭).

경사가 낮을수록 힘은 덜 들지만 올라가는 길은 더 길어진다.

그림 8-4 빗면의 원리

4) 축바퀴

축바퀴는 적은 힘으로 축을 수월하게 돌릴 수 있도록 지레의 원리를 회전축에 적용한 것이다. 축바퀴는 큰 바퀴와 작은 바퀴가 있는데, 힘을 주는 부분(힘점)은 축의 중심(받침점)에서 멀리 떨어져 있고, 힘이 작용하는 부분은 축의 중심에서 가깝기 때문에 지레의 원리에 따라 큰 힘을 낼 수 있다(예: 자동차 핸들, 문 손잡이, 야구방망이, 연필깎이 손잡이).

5) 나사

나사는 나선형 모양으로 된 빗면이다. 나사의 모양은 못처럼 매끈하지 않고 홈이 파져 있다. 기계 부품을 죄거나 동작 조절, 자리이동 등에 사용된다(예: 병뚜껑, 렌치(멍키스패너), 전구소켓).

2. 생활도구로서의 미디어

도구와 기계의 발명은 과학기술의 발달로 인해 가속화되고 있으므로 유아가 살아가게 될 미래 사회에서는 고도로 첨단화된 도구와 기계가 사용될 것이다. 정보통신 기술의 융합으로 이루어 낸 4차 산업혁명이 도래하고 있는 지금 상황에서는 도구와 기계의 사용은 더욱 많아질 것이다.

제4차 산업 혁명은 물리적 · 생물학적 · 디지털적 세계를 빅 데이터에 입각해서 통합시키고 경제 및 산업 등 모든 분야에 영향을 미치는 다양한 신기술이다. 물리적인 세계와 디지털적인 세계의 통합은 O2O(Online to Online)를 통해 수행되고, 생물학적 세계에서는 인체의 정보를 디지털 세계에 접목하는 기술인 스마트워치나 스마트밴드를 이용하여 모바일 헬스케어를 구현할 수 있다. 가상현실(VR)과 증강현실(AR)도 물리적 세계와 디지털 세계의 접목에 해당될 수 있다(위키백과). 유아는 4차 산업혁명이 도래하고 있음을 인지하지 못하지만 도구와 기계를 일상의 생활에서 삶의 일부로 경험하고 있다. 즉, 스마트 기술이 장착된 자전거, 자동차, 컴퓨터, 핸드폰을 가지고 놀고 오븐, 냉장고 등을 일상에서 쉽게 사용하고 있다. 따라서 유아가 일상생활에서 쉽게 사용하고 놀이의 도구로 활용되고 있는 도구와 기계에 대한 과학적 가치와 지식을 인식하는 것이 중요하다(〈표 8-1〉 참조).

표 8-1 도구와 기계에 관해 유아가 배울 수 있는 과학적 지식

도구와 기계의 일반적 특성	도구와 기계에는 여러 가지 종류가 있다. 도구와 기계의 용도는 여러 가지이다. 도구와 기계는 여러 부분으로 이루어져 있다.
도구와 기계의 필요성	도구와 기계는 사람의 생활을 편리하게 해 준다. 도구와 기계는 올바르게 사용해야 한다.
도구와 기계의 동력	도구와 기계를 움직이는 힘은 다양하다(예: 사람의 힘, 전기의 힘, 석탄의 힘, 물의 힘, 공기의 힘, 태양의 힘).

만 3세 유아는 일상생활 속에서 다양한 도구와 기계가 사용되는 것을 경험하지만 그것을 직접 사용하는 것은 아니다. 따라서 유아가 매일 다룰 수 있는 가위, 지퍼, 단추와 같은 간단한 도구를 사용할 수 있는 기회를 제공하는 것이 필요하며 점차 생활 속에서 사용하는 다양한 도구와 기계에 관심을 갖도록 한다. 만 4세와 5세에게는 일상생활에서 사용되고 있는 여러 가지 도구와 기계를 사용할 수 있는 기회를 좀 더 제공하는 것이 필요하다. 또한 컴퓨터, 스마트폰, 로봇과 같은 새로운 도구와 기계를 직접 작동해 보고 탐색하고 활용해 볼 수 있는 기회를 더 많이 가지도록 하며, 도구와 기계의 장점뿐만 아니라 단점에 대해서도 생각해 볼 수 있도록 한다(전경원, 2015).

PART 04

영유아과학교수방법

09 영유아과학지도를 위한 유아교사의 역할

10 환경구성

11 평 가

TEACHING SCIENCE IN EARLY CHILDHOOD EDUCATION

CHAPTER 09

영유아과학지도를 위한 유아교사의 역할

이 장에서는 영유아과학지도를 위한 교사의 역할을 살펴보고자 한다. 이에 개정된 누리과정의 내용을 포함하여 영유아과학지도를 위한 영유아교사의 역할에 대해 구체적으로 살펴본다.

1. 놀이지원자로서의 역할

개정 누리과정에서는 놀이를 통한 유아의 배움을 강조하고 있다. 유아는 어디서나 자유롭게 놀이하며 배울 수 있지만, 특히 교육과정으로서 누리과정을 운영하는 유아교육기관에서 이루어지는 유아의 놀이는 교사의 지원을 통해 더욱 유의미한 배움이 될 수 있다. 교사는 다양한 방식으로 유아가 놀이를 통해 배우고 성장할 수 있도록 돕고 지원하는 역할을 해야 한다.

유아는 놀이하면서 자연스럽게 세상과 교감하며 성장해 간다. 놀이는 시작과 끝이 정해져 있는 것이 아니라 이어지고 끊어지며 새롭게 생성되어 가는 연속적 과정이며 이는 곧 배움의 과정과 같다. 따라서 교사는 유아의 놀이를 배움의 과정으로 이해하고 유아의 놀이를 지원해야 한다.

또한 교사는 일상생활과 활동에도 유아의 흥미와 관심을 반영하여 유아가 즐겁게 경험하며 배우도록 지원할 수 있다. 교사가 활동을 운영할 때 유아가 주도하는 놀이의 내용과 연계하여 유아가 즐겁게 배울 수 있도록 지원하는 것이 중요하다. 예를 들어, 현재 유아가 하고 있는 놀이에 부합하면서 유아의 흥미나 관심과 관련된 동화 듣기, 노래 부르기, 요리하기, 게임 등을 제안하여 즐겁게 놀이하는 방식으로 활동을 할 수 있다. 또한 유아가 자신이 하고 있는 놀이를 친구들에게 소개하기, 놀이 규칙 정하기, 특정 관심사에 대해 함께 알아보기 등 상황에 따라 이야기를 나누는 것도 가능하다. 만일 교사가 유아의 놀이를 지원하기 위해 다양한 활동을 계획했더라도 이는 유아의 관심과 흥미에 따라 얼마든지 수정할 수 있다. 유아의 흥미나 관심 등을 고려하지 않고 미리 정해진 생활주제에 따라 활동을 진행하기보다는 유아가 주도해 가는 놀이와 연계하여 활동을 진행하는 것이 바람직하다.

2. 제시자로서 역할

영유아를 위한 과학교육에서 가장 기본적이며 중요하고도 어려운 교사의 역할은 제시자의 역할이다. 영유아들이 자발적으로 활동에 참여할 수 있도록 과학활동을 소개하고 개개인의 영유아에게 선택권을 주며, 적극적으로 참여할 수 있도록 아이디어를 제공하는 것이다.

교사는 영유아가 과학에 대해 호기심과 탐구심을 가지고 활동에 참여할 수 있도록 활동에 대해 구체적으로 설명하기보다는 영유아에게 준비된 자료를 통해서 스스로 탐색해 보는 과정을 통해서 해답을 찾아갈 수 있도록 하는 것이 바람직하다. 이를 위해서 교사는 영유아에게 마음껏 만지고, 보고, 느끼고, 탐색할 수 있도록 허용적인 분위기와 풍부한 자료를 제공해 주어야 한다.

영유아는 일상생활 중에서나 환경과의 상호작용 중에 모르는 것에 대한 호기심이 생기고 이러한 호기심이 과학활동의 시작이 되기도 하지만 제한적인 경험이나 지식의 부족으로 항상 능동적으로 과학활동을 시작하지는 않는다. 따라서 교사는 가능한 다양하고 창의적인 탐색과 실험이 장려될 수 있는 가능성을 열어주어야 하며 이를 위해서는 제시 방법뿐 아니라 제시 시점에 따라서도 영유아의 호기심과 행동이 달라질 수 있음을 인식해야 한다. 자료나 활동에 대한 선행경험이 없는 상황에서 제시할 경우, 활동에 대한 설명보다는 영유아에게 탐색기회를 제시하는 것이 효과적이다. 그러나 영유아가 이미 유사한 경험을 가지고 있고 새로운 방향으로 확장시키고자 하는 경우라면 어느 정도 활동의 방향을 제시해 주는 것이 효과적이다.

3. 촉진자로서의 역할

과학활동에서 영유아 주도적으로 활동을 이끌어 나가는 것은 중요하다. 그러나 영유아가 반복적인 활동만 하고 더 이상 활동을 확장시켜 나가지 못할 때 교사는 활동을 심화시키고 촉진시킬 수 있는 역할을 해야 한다. 예를 들어, '자동차 굴리기' 활동에서 평지에서 힘을 주면서 굴리기만을 반복하다가 흥미를 잃고 활동을 중단하려고 할 때 교사가 바닥면을 다르게 하거나 경사로를 만들어 줌으로써 영유아의 흥미를 지속시킬 수 있는 역할을 할 수 있다. 교사가 활동을 확장시킬 수 있는 촉진자의 역할을 하지 않는다면 깊이 있는 탐색활동은 일어나지 않을 것이다.

이렇듯 촉진자 역할은 영유아가 갖고 있는 과학 능력과 잠재력을 최대한 계발해 주는 것이지 영유아에게 지식을 주입하거나 선행학습을 통해 발달수준을 끌어 올려야 한다는 의미는 아니다. 또한 촉진자 역할은 과학에 대한 영유아의 자연적인 흥미와 성향을 중시하는 것과 관계있으며, 이를 이용하여 과학활동에 참여를 높이는 것을 말한다. 참여를 높이는 역할은 영유아의 개인차에 입각하여 과학활동을 안내하며 적절한 비계의 역할을 수행하는 것을 의미한다.

4. 관찰자로서의 역할

과학활동이 진행되는 동안 영유아를 세심하게 관찰하는 것은 개별 영유아의 이해 정도와 흥미, 요구 수준 등을 파악하여 문제해결을 도와줄 수 있는 실마리를 제공한다. 또한 관찰은 교육과정을 개발하는 토대가 될 수 있으며, 관찰은 교사가 개입하는 적절한 시간과 개입의 정도를 결정할 때도 매우 중요하다. 과학활동을 확장시키기 위한 지원을 해 줄 수 있게 돕는다.

영유아를 교육하면서 동시에 관찰을 병행하는 일은 쉬운 일이 아니다. 그러나 다양한 관찰기술들을 익힌 후 과학시간이나 과학영역에서뿐 아니라 일과를 통해 나타나는 영유아의 과학활동을 관찰하고 평가하는 것이 바람직하며, 이를 통해 프로그램을 진단 · 평가하고 다음 단계의 활동을 계획하고 실행하는 데 도움이 되며, 부모에게 자녀에 대한 정보를 제공해 줄 수 있다.

5. 기록자로서의 역할

영유아 교사는 교육 현장에서 영유아의 정보를 수집하고, 정리하며, 활용하고, 공유할 책임이 있다. 과학활동의 진행과정과 결과는 기록으로 남겨져 변화과정을 기억하고 학습과 연결되도록 해야 한다. 기록은 교사가 할 수도 있고 유아 스스로 글이나 그림, 사진 등으로도 할 수 있다. 기록된 것을 참고로 실생활에서 적용하는 방안을 유아와 함께 찾아보고 적용해 보는 경험을 갖도록 지도한다. 유아가 기록을 해나갈 때도 별도로 유아의 행동이나 대화를 기록하여 평가 자료로 활용한다. 따라서 교사는 다양한 범위에 걸쳐서 학습의 증거를 수집하고 정리하는 일에 숙달되어야 할 책임이 있으며 그 결과를 다음 단계의 활동을 위한 계획, 결정의 기초 자료로 사용하고, 나아가 장기적인 계획수립에 참고자료로 사용할 수 있다.

6. 질문자로서의 역할

야거(Yager, 1987)는 유능한 교사는 영유아의 질문을 환영하고 자신의 지식 부족을 편안하게 받아들이며, 유아가 보다 나은 질문으로 발전할 수 있도록 도움으로써 과학교수법이 증진된다고 하였다.

과학교육에 있어 가장 효과적인 전략인 질문은 학습의 목표와 연결되어야 하고 유아의 사고를 촉진시키는 다양한 생각을 이끌어 낼 수 있어야 한다. 유아가 사물을 탐색 · 조작할 때 교사가 질문을 하거나 활동을 제안하는 것은 유아의 활동을 지속시키고 활동목표에 도달하는 것을 돕는 데 효과적이다(Ornstein, 2006). 즉, 영유아가 과학활동을 경험할 때 인지적 갈등을 유도하고 문제해결 방법을 찾도록 돕는 교사의 적절한 질문과 상호작용은 매우 중요하다.

바람직한 질문자의 특성은 다음과 같다.

첫째, 영유아의 선지식을 알아보고 반응을 이끌기 위해 수렴적 질문과 사고를 확장시킬 수 있는 확산적 질문을 격려한다. 물론 교사주도적 역할을 줄이고 영유아의 자발적 참여를 격려하기 위해서는 수렴적 질문보다는 개방적 질문이나 확산적 질문을 하지만 때로는 단답형을 요구하는 질문도 도달하고자 하는 결과나 답을 이끄는 방법이 된다. 개방적 질문으로 영유아의 사고를 격려하는 것이 좋으며, 상황에 따라 적절한 유형의 질문을 활용한다.

둘째, 과학의 과정기술을 효과적으로 돕는 질문을 사용한다. "또 다른 방법은 어떤 것이 있을까?", "왜 그렇게 생각하니?", "만일 그렇게 한다면 어떤 일이 일어날까?" 등과 같이 영유아가 예측 · 추론할 수 있는 질문을 하여 과학 하는 과정을 안내하고 과정진행을 효과적으로 돕는 질문이 바람직하다. 막연하게 '생각해 보자.'보다는 '무엇을 어떻게 생각할 것인가?'와 같이 사고의 방향과 초점을 구체적으로 제시해 주어야 한다.

셋째, 질문은 완성된 문장으로 한 번에 한 가지씩만 하는 것이 효과적이다. "너는 무엇을 보았고 어떤 생각이 들었니?"라고 한꺼번에 묻기보다는 "무엇을 보았니?"가 더 효과적이다.

이외에도 질문을 한 후에는 영유아가 답을 생각할 충분한 시간을 제공해 주며, 영유아가 질문에 대한 두려움을 갖지 않도록 개방적 태도를 취해야 한다.

7. 반응자와 상호작용자의 역할

영유아의 질문에 적절하게 반응하며 긍정적 상호작용하는 것은 영유아의 과학활동을 격려하며 학습을 촉진시킨다.

영유아의 질문에 적절하게 반응하는 방법을 알아보면 다음과 같다(김현경 · 김경희 · 정재은 · 김윤자 · 강혜현, 2016).

첫째, 유아가 궁금한 것을 질문했을 때 언어적으로 반응하여 수용하는 태도를 보여주고 적절하게 설명해 준다.

둘째, 유아의 질문에 자료를 제시하는 방법과 같이 비언어적인 반응을 하여 스스로 탐구할 수 있도록 촉진해 준다.

셋째, 유아의 질문에 적절한 질문을 함으로써 탐구활동의 기회를 준다.

넷째, 언어적 반응을 통해 유아가 알고 있는 것과 경험한 것에 대해 말할 기회를 제공하여 스스로 예측이나 추론 또는 탐구할 수 있도록 돕는다.

다섯째, 유아가 질문했을 때 되묻기를 하여 알고자 하는 것이 무엇인지, 무엇을 해야 하는지에 대해 명확히 정리하도록 한다.

또한 상호작용자로서 영유아의 질문에 적절한 반응을 하여 활동이 확장될 수 있도록 한다. 상호작용을 반드시 말로 할 필요는 없다. 눈 맞추기, 미소, 끄덕임, 제스

쳐 등 비언어적 표현을 함으로써 역동적인 상호작용이 되도록 하며, 영유아의 말이 타당성이 없다 하더라도 자신의 의사를 완성할 때까지 방해하지 않는 것도 효과적인 상호작용의 기술이다.

교사와 영유아 간의 상호작용뿐 아니라 영유아 간의 과학적 대화와 상호작용이 일어나도록 격려하는 역할도 해야 하는데, 이를 위해서 과학적 대화가 일어날 수 있는 공간과 시간적 여유를 충분히 제공해 주어야 한다.

8. 환경과 자료제공자의 역할

교사는 영유아가 과학 문제에 대한 탐구활동을 적극적으로 수행할 수 있도록 과학에 대한 긍정적인 태도와 수용적이고 따뜻한 분위기의 환경을 조성해 주어야 한다. 특히 영유아가 환경과 직접적인 상호작용을 통해 학습한다고 보는 구성주의 입장에서는 물리적 환경을 구성하는 것이 매우 중요한 교사의 역할이다.

쉐일레와 브리튼(Chaille & Britain, 1991)은 환경제공자로서 교사의 역할에 대해 강조하면서, 신중하고 철저하게 계획된 환경에서 유아 스스로 활동을 선택하여 진행할 수 있다고 하였다.

이를 구체적으로 살펴보면 다음과 같다.

첫째, 영유아가 다양한 자료를 가지고 다양한 방법으로 상호작용할 수 있는 허용적인 환경을 구성한다.

둘째, 영유아의 과학활동을 촉진시킬 수 있도록 자유로운 통로, 공간 활용의 융통성, 다양한 자료의 사용방법, 영역 간의 교류 등을 고려해야 한다.

셋째, 과학활동에 필요한 자료를 주제별로 정리하여 적절한 장소에 배치한다.

과학활동 자료를 제공할 때는 영유아에게 친숙하고 흥미 있는 자료로 준비하며,

유아교육기관 내뿐만 아니라 그 외의 장소에서도 언제든지 과학교육이 이루어질 수 있는 기회를 제공해 주어야 한다. 기관 내의 바깥놀이터, 주변 시장, 공원, 박물관, 전시관 등 모두가 과학교육의 좋은 환경과 자료가 될 수 있다.

9. 본보기와 참여자, 공동의 놀이자로서의 역할

과학교육을 하는 교사가 영유아의 질문에 대한 답을 모두 알고 있을 필요는 없다. 알지 못하는 답을 함께 찾아보며 과학 하는 태도와 탐구하는 방법을 보여 주는 것도 과학교육을 위한 효과적인 교사의 역할이라 할 수 있다. 교사가 과학 하는 태도를 보여주는 역할을 하기 위해서는 교사 자신이 과학에 대한 긍정적인 생각을 가지고 있어야 한다. 교사가 끊임없이 과학의 생활화를 적용하는 모습은 영유아에게 좋은 본보기가 되며, 교사가 영유아와 함께 과학적 탐구를 이루어 가는 학습의 모습은 구성주의 과학교육의 참된 실현이 된다.

또한 교사는 자연스럽게 영유아의 자발적인 놀이활동에 참여하여 시범을 보이거나 활동을 제안하며 영유아와 대등한 위치에서 과학활동에 참여할 수 있어야 한다. 영유아가 직접 활동을 하면서 지식을 구성하는 것이 강조되지만 경우에 따라서는 정보를 제공해 줄 필요가 있으며, 의미 있는 결과와 개념을 형성하도록 안내해 주어야 하는데, 이러한 역할은 교사가 영유아와 함께 과학활동에 참여를 하면서 가능하다. 참여자의 역할은 간과되기 쉬운 교사의 역할이지만 함께 과학활동에 참여할 때 영유아의 참여를 유도할 수 있으며 흥미, 발달적 변화 등을 보다 세밀하게 관찰할 수도 있다. 교사는 유아와 주변 세계를 이해하는 공동의 놀이자로서 놀이에서 발생하는 문제를 함께 해결하면서 유아의 배움을 이끄는 역할도 필요하다.

10. 교육계획, 실행, 평가자로서의 역할

과학교육을 운영하는 영유아 교사는 교육을 계획하고 실행하고 평가하는 역할을 해야 한다. 교육계획자로서 교사는 영유아의 발달 수준, 사전지식과 경험, 흥미, 욕구 등을 파악하고 영유아가 관심 있어 하는 활동과 영유아의 현재 수준보다 다소 높은 활동을 계획하여야 한다. 교육실행자로서의 역할은 영유아의 요구와 흥미, 발달 정도와 교육목표에 따라 가장 적절한 방향으로 진행될 수 있도록 도움을 주어야 한다. 이를 위해 평소 과학 관련 신문 기사나 광고, 다큐 프로그램 등을 스크랩해 두어서 이를 다양하게 소개하고 연관된 과학활동으로 전개하는 것도 필요하다. 교육평가자로서의 역할은 과학활동이 교육목표에 달성하였는지, 활동형태가 적절하였는지, 영유아의 발달에 적합하였는지에 대한 평가를 저널 쓰기, 포트폴리오, 인터뷰 등의 방법으로 관찰하고 기록하여 추후 과학활동에 반영해야 한다.

11. 학습자로서의 역할

교사 자신이 일상적인 문제에 대해 호기심을 갖고 적극적으로 해 보려는 태도는 영유아에게 많은 영향을 줄 수 있다. 구성주의의 기본 관점은 인간은 스스로 지식을 구성해 나가며 이러한 과정은 지속된다는 것이다. 즉, 지식의 구성이란 영유아 단계에서 멈추는 것이 아니기 때문에 교사 스스로도 지식을 구성해 나가려는 자세를 가져야 한다(고선옥 · 김경신 · 임경례 · 한성민, 2016)는 것이다. 따라서 구성주의 과학활동을 전개하기 위해서는 교사 자신의 끊임없는 과학적 지식과 과정을 탐색해 가려는 노력과 열정이 필요하다.

CHAPTER 10

환경구성

이 장에서는 영유아과학교육을 위한 환경에 대해 살펴보고자 한다. 영유아에게 양질의 교육환경을 제공하는 것은 매우 중요하다. 따라서 영유아에게 과학적 경험을 다양하고 풍부하게 할 수 있는 질 높은 물리적 환경을 조성해 주어야 한다. 유아교육기관의 물리적 환경은 호기심이 왕성하고 활동적인 영유아들이 능동적으로 의미 있는 학습경험을 할 수 있도록 세심하고 신중하게 구성되어야 한다.

1. 영아반 및 유아반 실내외 과학 흥미영역

환경제공자로서 교사의 역할은 영유아의 탐구활동을 촉진시킬 수 있는 과학영역을 구성하고 과학활동에 필요한 자료를 활동 주제별로 선별하여 수집하며, 과학활동을 위해 필요한 도구와 자료를 준비하고 이를 실내외에 배치하는 것이다. 영유아과학교육을 위한 유아교육기관 환경은 실내환경, 실외환경으로 구분할 수 있다(신은수 · 안경숙 · 김은정 · 안부금, 2006).

1) 실내 과학 흥미영역

영유아의 과학활동은 영유아가 호기심을 갖는 주변 어디에서나 이루어질 수 있지만 영유아의 호기심과 궁금증을 자극하고 영유아가 탐구 능력을 구성하도록 하기 위해서는 주변 세계를 탐색할 수 있는 과학 환경을 마련해 주어야 한다. 유아교육기관의 과학영역은 과학적 탐구에 대한 흥미를 유발하고 몰입할 수 있도록 해 주며, 영유아로 하여금 일찍부터 과학적 사실과 개념을 습득하고 과학적 습관과 태도를 형성하도록 하는 데 중요한 역할을 한다(김정주 · 김영실, 2004). 따라서 교사는 과학영역에 물체의 속성을 탐색할 수 있는 다양한 자료를 제공해 주어야 한다.

과학영역을 구성하는 데 고려해야 할 원리를 정리하면 다음과 같다(황의명 · 조형숙, 2001).

첫째, 과학영역은 대체로 영유아나 교사가 수집한 자료를 감각적으로 탐색할 수 있는 감각테이블과 교육주제와 관련된 과학활동 자료를 제시한 학습 테이블, 과학활동에 필요한 자료를 정리해 놓은 교구장, 그리고 과학 개념에 관한 도서 전시장, 식물이나 동물을 키우는 테이블, 영유아가 활동할 수 있는 빈 테이블과 의자 등으로 구성한다.

둘째, 과학영역의 가구를 배치 · 구성할 때는 융통성 있도록 하며, 영유아의 왕래가 자유롭도록 한다. 공간이 비좁거나 자료장이 고정화되어 있으면 다양한 활동이 어렵고, 영유아 간 갈등을 유발할 수 있다.

셋째, 과학영역은 영유아가 흥미를 가질 수 있도록 변화를 주면서 잘 정돈해야 한다. 무엇보다 교사가 교육 주제에 따라 적절히 변화를 주어 영유아의 호기심을 자극할 수 있도록 해야 한다.

넷째, 위험성이 있는 자료는 과학영역에 두지 말고, 교사 자료실에 놓았다가 필요 시에만 사용한다.

다섯째, 측정이나 관찰을 위해 필요한 기본적인 도구는 과학영역에 상비해 둔다. 양팔저울, 계량컵, 돋보기, 기록지와 같은 것은 항상 일정한 곳에 구비해 둔다.

여섯째, 과학영역은 채광이 잘되고 물과 전기를 쉽게 이용할 수 있는 곳이어야 한다.

일곱째, 과학활동은 실내에서만 할 수 있는 것이 아니라 실외에서도 이루어질 수 있고, 과학영역에서의 활동이 다른 영역과 관련하여 활동이 전개되고 확장될 수 있으므로 융통성 있게 조절되어야 한다.

이러한 영유아를 위한 과학영역의 구성은 교실의 다른 흥미영역과 연결될 수 있도록 구성하되, 확장 및 통합의 요소도 고려하여 배치한다.

(1) 영아반

① 실내 환경구성

영아는 오감각을 활용한 탐색을 통해 인지능력이 발달하므로 풍부하고 다양한 감각, 탐색 놀잇감이 준비되어 있어야 한다. 영아의 인지발달을 위해서는 모든 놀잇감이 위험한 요소가 없어야 하며 영아의 발달 수준에 부합해야 한다. 과학활동을 위한 환경구성을 할 때 가장 최우선되어야 하는 것은 안전이다. 영아가 탐색을 하면서 위험에 노출되기 쉬우므로 재료의 안전성을 충분히 고려하여 지름의 크기가 3.5cm 이상으로 큰 놀잇감을 제공해야 한다.

영아반 실내 과학환경 구성

② 실내 과학 흥미영역

과학영역은 과학적 탐구를 위한 다양한 과학도구, 실물 관찰자료, 책 등을 별도로 모아 교실 내에 배치한 곳을 말한다. 그러나 과학활동은 과학영역뿐만 아니라 실내외 곳곳에서 영아들의 탐구가 이루어진다. 그러므로 과학영역의 준비된 영역과 더불어 바깥놀이 영역, 쌓기놀이 영역 등 과학영역을 구분하지 않고 자연스럽게 과학적 경험에 참여하여 효과적인 활동이 이루어질 수 있도록 한계를 두지 않는 것이 바람직하다.

영아반 실내 과학환경 구성

영아반 실내 과학영역

(2) 유아반

① 실내 환경구성

교실을 포함한 유아교육기관의 실내 공간은 유아에게 가장 친숙한 놀이 환경이다. 교사는 놀이 공간을 구성하고 변형해 나가며 유아의 자유로운 놀이를 지원할 수 있다. 교실의 흥미영역은 유아가 가장 좋아하는 놀이를 중심으로 구성하는 것이 좋으며, 유아가 흥미를 보이지 않는 영역은 다른 영역과 통합하여 재구성하거나 다른 영역으로 대체하는 것도 가능하다. 또한 유아의 관심과 흥미, 요구에 따라 새로운 영역을 구성할 수 있으며, 이때 유아가 주도적으로 놀이영역을 창조할 수 있도록 지원해야 한다. 교실 밖의 복도나 계단, 구석진 공간 등 유아가 놀이할 수 있는 실내 공간은 먼저 안전에 문제가 없는지 파악한 후에 놀이 공간으로 구성할 수 있다.

유아를 위한 과학영역은 유아의 탐구심을 촉진하고, 호기심을 자극하여 자발적으로 탐색할 수 있도록 해야 한다. 그러기 위해서는 교사의 계획적인 자료 준비와 공간구성이 필수적이다.

과학적 탐구와 몰입, 상호작용을 위한 과학영역은 감각 탐색을 위한 놀잇감, 특정 주제와 관련된 자료와 책, 생활 주제와 관련된 그림이나 사진 자료 등이 전시될 수 있는 게시판이나 전시대, 동식물 기르기 코너, 교구장, 책상과 의자 등을 배치한다.

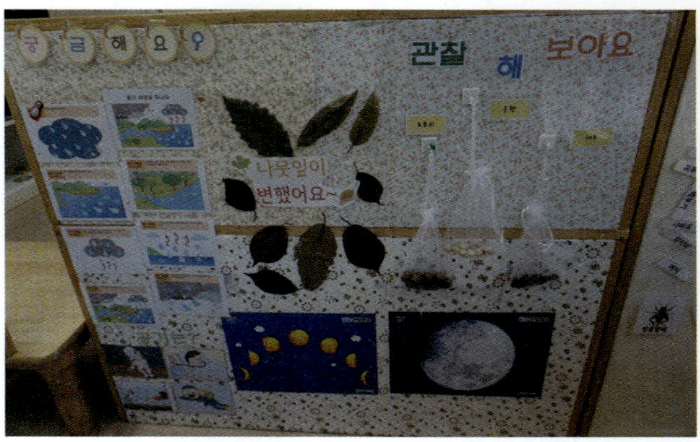

유아반 실내 과학환경 구성

② 실내 과학 흥미영역

3세를 위한 실내환경은 과학에 호기심을 갖고 관찰할 수 있도록 영역을 구성하여 안전하고 친숙한 관찰자료 등을 마련하여 과학영역을 구성하는 것이 바람직하다.

4세를 위한 실내환경은 보다 구체적인 관찰자료, 비교 · 분석을 하기에 편리한 간단한 실험자료 등을 마련한다.

5세를 위한 실내환경은 유아들이 직접 관찰할 수 있는 다양한 관찰자료뿐 아니라 관찰한 것을 기록할 수 있는 기록지와 게시판, 비교 · 측정할 수 있는 도구, 참고도서 등, 보다 정교한 과학활동을 할 수 있는 환경을 마련해 주어야 한다. 또한 교실에서 기르기 용이한 동식물을 직접 관찰하며 길러 볼 수 있는 환경을 마련해 주는 것도 좋다(유연화 · 임경애 · 최현정, 2015).

유아반 실내 과학환경 구성

유아반 실내 과학영역

2) 실외 과학 흥미영역

(1) 영아 및 유아를 위한 실외놀이 환경

과학활동은 실외영역에서도 즐겁고 흥미롭게 이루어질 수 있다. 실외놀이 환경에서는 놀이를 통해 새로운 것에 도전하고 탐색하는 자유를 만끽할 수 있다. 실외놀이 공간은 일상생활 속에서 자연스럽게 과학활동이 이루어질 수 있는 중요한 공간이며, 실내활동을 통해 습득한 지식이나 개념이 보다 확장된 지식으로 재구성될 수 있는 공간이다.

영유아과학교육을 위한 실외환경의 요소 및 구성 원리와 활용방법을 제시하면 다음과 같다(고선옥 · 김경신 · 임경례 · 한성민, 2016).

① 안전을 고려하여 영유아가 안정감을 느낄 수 있도록 한다.
② 영유아가 동물과 식물을 탐색하고 감상할 수 있는 공간과 환경을 구성한다.
③ 모래놀이터와 물놀이 영역은 서로 가까운 곳에 설치하며 두 영역 모두 한 번에 적어도 3~4명이 동시에 놀이할 수 있는 공간을 마련한다.
④ 다양한 신체놀이 기구도 영유아의 과학적 탐구를 위한 좋은 시설이다.
⑤ 경사와 곡선 길, 그리고 울퉁불퉁한 표면과 부드러운 표면이 함께 있는 자전거 길을 구성한다.
⑥ 필요에 따라 과학 탐구를 위한 보조 자료들을 즉각적으로 쉽게 사용할 수 있도록 실외에 보관 장소를 마련한다.

(2) 실외 과학 흥미영역

영아의 실외환경을 계획할 경우, 영아의 신체 및 사회 · 정서 · 인지발달을 촉진시킬 수 있는 경험을 제공해 주어야 한다. 매일 30분 이상의 산책 혹은 실외놀이를 통해 자연의 변화, 날씨 등을 감각적으로 느낄 수 있도록 격려하며, 물 · 모래놀이 같은 창의적 활동에 참여함으로써 놀이에 대한 만족감과 즐거움을 느끼게 한다.

유아를 위한 실외 공간은 유아가 마음껏 뛰어놀며, 자연과 계절의 변화를 만나고 탐색할 수 있는 놀이 환경이어야 한다. 교사는 유아가 몸을 충분히 움직여 즐겁게 놀이하고 위험으로부터 자신을 안전하게 보호하는 능력을 기를 수 있도록 지원해야 한다. 이처럼 실외놀이 환경은 유아가 안전하게 놀이할 수 있는 공간과 자료로 구성해야 한다. 또한 유아들이 활발한 신체 움직임을 바탕으로 모험과 도전을 하면서 궁금한 것을 찾아 자유롭게 탐색하는 놀이를 다양하게 경험할 수 있는 놀이 환경을 구성한다. 실외 자투리 공간, 텃밭, 통로, 작은 마당 등은 공간의 특성과 안전을 고려하여 놀이 환경으로 구성하며, 유아교육기관의 상황에 따라 인근 공원과 놀이터 등도 놀이 공간으로 활용할 수 있다.

① 대근육 활동 영역

대근육 활동을 할 수 있는 곳은 영유아가 마음껏 뛰어노는 곳이며, 동시에 자신의 신체를 움직이면서 과학을 경험할 수 있는 장소이다. 자신의 몸을 움직여 봄으로써 신체의 성장과 변화에 관한 과학적 개념을 학습하게 된다. 또한 시소, 그네 타기, 미끄럼 타기 등 다양한 놀이시설을 이용하면서 균형, 중력, 방향, 속도, 마찰, 무게 등과 같은 물리적 경험을 하거나 바퀴와 자전거, 수레 등의 기계와 도구 등을 통해 과학 경험을 할 수 있다. 대근육 활동 영역은 안전사고 위험이 크기 때문에 모래, 나무껍질, 우레탄 등과 같은 충격흡수재가 반드시 있어야 한다.

② 동물 기르기 영역

실외환경에 동물의 서식지를 마련하여 직접 동물을 기를 수 있는 기회를 제공하면 영유아는 동물을 관찰하고 직접 돌보며 성장하는 과정을 지켜보는 가운데 자연의 생명체에 대한 친근감을 높이고 생명을 존중하는 태도를 기르게 된다. 그러기 위해서는 위생과 안전 문제를 고려하여야 하며, 교사는 발생 가능한 모든 위험 요소를 예상하여 영유아나 동물 모두 상해를 입지 않도록 유의해야 한다.

③ 식물 기르기 영역

교육적으로 활용이 높은 꽃이나 채소를 기르며, 직접 씨를 뿌리고 물을 주며 재배하는 경험을 통하여 식물이 자라는 과정에 대한 관심과 흥미를 키운다. 영유아는 사계절의 변화, 생물의 성장과 변화를 배울 수 있으며 자연을 사랑하는 마음을 갖게 된다. 식물을 돌보기 위해 물 주는 당번이나 물 주는 날 표시, 확대경, 모종삽, 팻말 등을 준비해 준다. 또한 안전에 위해가 되는 식물은 기르지 않도록 한다.

④ 물·모래놀이 영역

물과 모래의 특성과 감촉 등을 경험할 수 있고, 물과 모래를 담고, 쌓고, 쏟으면서 자연현상을 몸으로 느낄 수 있는 기회를 가진다. 이 영역에서 영유아는 다양한 그릇이나 병 등에 모래나 물을 담아 비교해 보거나 기본 측정도구를 이용하여 측정해 보고 보존개념, 뜨고 가라앉는 것 등을 실험해 봄으로써 창의력, 문제해결력, 과학적 지식을 습득한다. 물 · 모래놀이 영역에서는 다양한 컵, 소꿉놀이 도구, 장난감 자동차, 여러 모양과 크기의 용기 등 놀이도구를 충분히 제공하고, 공간도 확보해 주어야 한다. 물 · 모래놀이 영역은 수도시설이 가까운 곳에 배치하여 배수처리가 잘되어야 하며, 사람들의 통행이 빈번한 통로는 피하는 것이 좋다. 물놀이 영역과 모래놀이 영역은 가까운 곳에 두되 공간이 좁으면 통합하여 제공할 수 있다.

2. 영아 및 유아의 과학활동 자료

1) 영아 및 유아를 위한 과학활동 자료

영유아가 과학적 탐구에 대한 흥미를 갖고 몰입하기 위해서는 풍부한 자료의 구비가 필요하다.

표 10-1 과학 경험을 촉진하는 일반적인 자료와 도구

분류	자료와 도구
일반적인 도구	돋보기(돋보기는 작은 것을 크게 볼 수 있음을 알게 하는 자료와 함께 제시), 프리즘, 집게, 도르래, 여러 종류의 플라스틱 용기(병, 컵 등), 가위, 건전지(전구, 전선, 전기가 통하는 물질과 아닌 것을 등과 함께 제시), 손전등, 거울(손거울, 작은 거울, 큰 거울, 오목거울, 볼록거울, 만화경, 잠만경 등), 자석(자석에 붙는 것과 붙지 않는 것을 실험할 도구와 함께 제시), 체반(교실 내 모래놀이에 함께 제시하거나 다양한 곡식 등 체로 쳐 볼 수 있는 자료와 함께 제시), 스포이드, 호스, 분무기, 나침반, 진자, 다양한 천과 가죽조각 등
측정도구	길이 측정도구(클립, 일정한 길이의 실이나 끈, 줄자, 막대자 등) 무게 측정도구(양팔저울, 앉은뱅이저울, 전자저울 등) 부피 측정도구(다양한 크기의 계량스푼, 비커, 그릇, 병, 주방도구 등) 시간 측정도구(타이머, 시계, 모래시계 등) 온도 측정도구(수은 온도계, 이마 체온계 등)
목공도구	목공놀이 탁자, 망치, 장도리, 못, 나무조각, 보안경, 면장갑, 다양한 크기의 볼트와 너트, 드라이버와 나사 등
특수도구	현미경, 루페, 망원경, 디지털카메라, 녹음기, 청진기 등
일반적인 자료	종이, 공책, 연필, 색연필, 견출지, 신문, 옷핀, 클립, 집게, 스프링, 고무줄, 이쑤시개, 수세미, 빨대, 테이프, 면봉, 스펀지, 솔, 걸레, 솜, 모래종이, 거름종이, 풍선, 실, 스테이플, 나무로 된 것, 주방용품, 자석에 붙는 것과 붙지 않는 것, 물에 뜨는 것과 뜨지 않는 것 등
그 밖에 필요한 자료	식물, 동물, 곤충도감이나 표본, 과학 관련 게시물이나 도서 등 그림과 사진자료, 시청각 자료, 동식물 기르기 등

출처: 안현정(2011).

영아 탐색활동 자료

유아 과학활동 자료

2) 과학활동을 위한 도서

과학과 관련된 영유아용 도서는 간접적으로 과학적인 사실을 접함으로써 지식을 탐색하고 형성하는 데 많은 도움이 된다. 과학활동을 위한 도서는 과학탐구 주제에 따라 관련 도서를 비치해 준다.

표 10-2 영유아 과학도서

과학 내용	관련 도서	저자	출판사
생명과학	우리 몸 털털털	김윤경	웅진주니어
	우리 몸의 구멍	허은미	천둥거인
	방귀가 뿡뿡뿡!	애플비 편집부	애플비
	개구리가 알을 낳았어	이성실	다섯수레
	나비가 된 애벌레	소냐 발라프	꼬마대통령
	네가 달팽이니?	주디 앨런	다섯수레
	흰기러기의 여행	데보라 킹	어린이중앙
	커다란 수박	신순재	아이세움
	씨앗은 무엇이 되고 싶을까?	김순한	천둥거인
	난 토마토 절대 안 먹어	로렌 차일드	국민서관
물리과학 및 화학	피터의 안경	에즈라 잭 키츠	비룡소
	빨간 단추	박은영	비룡소
	아씨방 일곱 동무	이영경	비룡소
	도로공사를 마치자! 뚝딱뚝딱	디안 레드먼드	베틀북
	힘은 내가 최고! 중장비 공사장차	삼성출판사 편집부	삼성출판사
	위험천만 배 만들어 타기	애너 피엔버그	문학동네 어린이
	소금이 온다	도토리	보리
	맛있는 구름 콩	임정진	국민서관
	구리와 구라의 빵 만들기	나카가와 리에코	한림출판사
	파랑이와 노랑이	레오 리오니	물구나무
지구과학	달님은 밤에 무얼 할까요?	안 에르보	베틀북
	그림자놀이	에르베 튈레	루크북스
	바람이 불었어	팻 허친스	시공주니어
	천둥과 번개는 왜 생길까요?	편집부	다섯수레
	물의 여행	엘레오노레 슈미트	비룡소
	비 오는 날	유리 슐레비츠	시공주니어
	달 샤베트	백희나	책읽는곰
	토토의 무지개놀이	강덕선	웅진
	지구를 굴리는 곰 이야기	주영삼	비룡소
	갯벌이 좋아요	유애로	보림

CHAPTER 11

평 가

이 장에서는 영유아과학교육을 위한 평가에 대해 살펴보고자 한다. 영유아과학교육에서의 평가는 내용 지식에 관한 것뿐 아니라 기술과 태도에 관한 평가도 이루어져야 한다. 이 장에서는 평가의 목적, 방법 그리고 유아교육기관에서 실시되고 있는 영유아과학교육에서 흔히 사용되는 관찰, 면접 그리고 포트폴리오 검사 등에 대하여 살펴보고자 한다.

1. 아동과학지도 평가의 목적

평가는 영유아의 개별적인 요구가 무엇인지, 교육의 효과는 어떠한지 파악하는 심층적인 노력이다. 영유아과학교육에서 평가란 영유아가 과학활동에 참여하면서 경험한 과학적 성취 전반에 대한 경험 세계를 살펴보는 것이다. 평가를 통해 영유아의 흥미, 학습 경험, 발달에 관한 자료들을 수집하고 해석함으로써 영유아는 물론 부모와의 소통, 교사 자신의 교육과정을 수정・보완하는 데 활용되는 반성적인 과정으로, 교육의 질을 높일 수 있게 된다. 그러므로 평가는 과학적 지식과 기술, 태도를 평가하는 유아 평가와 교사 자신 및 교육과정에 대한 평가가 모두 실행되어야 한다.

영유아과학교육 평가의 목적을 살펴보면 다음과 같다(NRC, 2001).

① 형식적・비형식적 방법으로 교실에서 영유아의 진보를 관찰하고 기록하여 교사가 영유아의 학습 정도를 알도록 돕는 것이다.
② 평가를 기초로 다음의 교수활동의 계획을 적절히 수립할 수 있도록 돕는 것이다.
③ 영유아의 성취와 진보를 평가하고 보고하기 위한 것이다.
④ 프로그램을 평가하기 위한 것이다.

이러한 평가의 목적을 달성하려면 총체적・심층적・역동적 평가가 필요하다.

총체적 평가란 전인으로서의 영유아의 특성을 고려하여 영유아가 능동적으로 과학활동에 참여하는 상황에서 과학적 진보와 성취에 대한 여러 측면을 총체적으로 평가하는 것을 말한다(Howe, 2002). 심층적 평가는 다양한 평가방법을 이용하여 영유아의 과학적 성취와 진보, 수행을 포괄적이면서도 깊이 있게 평가하는 것을 말한다(안경숙・김소향, 2001). 역동적 평가는 영유아가 무엇을 알고 있는지를 알 수 있는 기회를 제공해 줄 뿐 아니라 무엇을 알고 싶은지, 어느 정도 발달될 수 있는지를 평가하는 것을 의미한다.

총체적 · 심층적 · 역동적 평가가 이루어지려면 유아 중심, 과정 중심, 발달과 경험 중심, 다면적이고 종합적인 평가기준을 지켜 실행하여야 한다.

① 유아 중심의 평가

유아 간 차이의 비교가 아니라 개별 유아의 발달 영역별 차이와 변화를 중심으로 평가한다.

② 과정 중심의 수행평가

결과보다는 과정 자체가 의미 있는 방법을 사용하여 교육목표와 연관된 유아의 노력, 진보, 성취를 나타내는 수행을 중심으로 평가한다.

③ 발달과 경험 중심의 평가

유아의 발달 및 학습 수준, 경험에 맞는 내용과 방법으로 평가한다.

④ 다면적이고 종합적인 평가

관찰, 면접, 검사 등 다양한 방법을 통해 모든 영역에 걸쳐 다면적이고 종합적인 평가를 실시하며, 일회성이 아니라 구체적이고 체계적, 지속적, 누적적으로 평가한다.

개정 누리과정(교육부 · 보건복지부, 2019)에서 평가는 유아교육기관에서 유아가 중심이 되고 놀이가 살아나는 누리과정의 운영을 되돌아보고 개선해 가는 과정이다. 개정 누리과정은 유아 · 놀이 중심 교육과정을 운영하는 데 도움이 되고자 평가를 간략화하고 각 기관의 자율적인 평가를 강조하였다. 유아교육기관은 평가의 목적, 대상, 방법, 결과의 활용을 바탕으로 누리과정 평가를 자율적으로 실시할 수 있다.

평가는 다음 사항에 중점을 두고 실시한다.

① 누리과정 운영의 질을 진단하고 개선하기 위해 평가를 계획하고 실시한다.

평가의 목적은 유아가 중심이 되고 놀이가 살아나는 누리과정 운영을 자체적으로 평가하여, 누리과정 운영의 질을 진단하고 누리과정 운영을 더 나은 방향으로 개선하는 데 있다. 유아교육기관에서는 지역 특성, 각 기관 및 학급(반)의 상황과 요구를 고려하여, 누리과정 운영을 개선할 수 있도록 자율적으로 평가 계획을 수립한다. 평가의 내용, 평가 주기 및 시기, 평가 방법 등에 대한 계획은 각 기관 구성원 간의 민주적인 협의를 통해 정한다.

② 유아의 특성 및 변화 정도와 누리과정의 운영을 평가한다.

평가는 유아 평가와 누리과정의 운영 평가로 이루어진다. 유아 평가는 궁극적으로 유아의 행복과 전인적 발달을 지원하는 데 그 목적이 있다. 교사는 유아의 놀이, 일상생활, 활동 속에서 유아의 고유한 특성이나 의미 있는 변화를 발견하고, 그것을 바탕으로 유아의 배움과 성장을 돕기 위하여 평가를 할 수 있다. 교사는 유아의 배움이 나타나는 놀이, 일상생활, 활동에서 유아가 가장 즐기고 잘하는 것, 놀이의 특성, 흥미와 관심, 친구 관계, 놀이를 이어 가기 위한 자료의 활용 등에 주목하여 유아 놀이를 관찰하고 이를 통해 유아의 특성과 변화를 이해하도록 한다.

누리과정 운영 평가는 유아교육기관의 교육과정이 유아 · 놀이 중심으로 적절하게 운영되고 있는지 평가하는 데 그 목적이 있다. 유아교육기관의 누리과정 운영 평가에서는 놀이시간을 충분히 운영하였는지, 유아 주도적인 놀이와 배움이 이루어지고 있는지, 놀이 지원이 적절한지 등을 평가할 수 있다. 이는 놀이 속에서 나타나는 유아의 특성 및 변화 정도와 연계하여 파악할 수 있다. 필요에 따라 부모와의 협력이나 행정적 · 재정적 지원이 적절하게 이루어지고 있는지 등을 평가할 수도 있다.

③ 평가의 목적에 따라 적합한 방법을 사용하여 평가한다.

평가 방법은 평가의 목적과 대상에 따라 달라질 수 있다. 유아교육기관은 평가 목적에 가장 적합한 평가 방법을 자율적으로 정하여 활용할 수 있다. 교사는 유아의 특성과 변화 정도를 파악하기 위하여 유아들의 실제 놀이 모습을 계획안에 기록할 수 있고, 놀이 결과물과 작품 등을 일상적으로 수집할 수 있다. 유아들의 놀이를 관찰할 때는 유아의 말, 몸짓, 표정 등에서 드러나는 놀이의 의미와 특성에 주목하여,

이 중 필요한 내용을 메모나 사진 등 교사가 할 수 있는 가장 용이한 방법으로 기록한다. 이러한 관찰기록 자료는 교실에서 자율적으로 수립한 계획안에 포함하여 유아의 특성과 변화 정도를 파악하는 데 활용할 수 있다.

유아교육기관의 누리과정 운영에 대한 평가는 개선이 필요한 사항에 따라 자율적으로 실시할 수 있다. 기관별, 학급별 상황이나 필요성에 따라 적합한 방법을 선택하여 누리과정 운영을 평가한다. 개정 누리과정에서는 교사가 유아의 놀이 관찰기록, 유아 평가와 누리과정 운영 평가 등 평가 자료를 만들고 수집하는 데 과도한 노력을 기울이기보다는 유아의 놀이에 더 집중하고 지원하는 것이 중요함을 강조하고 있다. 교사는 개별 유아를 정기적으로 관찰하기보다는 배움이 나타나는 또래 간의 놀이나 활동 등 유아들이 일상에서 놀이하며 배우는 자연스러운 상황에서 유아의 특성과 변화를 이해하는 평가를 하도록 한다. 또한 5개 영역 59개 내용을 성취기준으로 잘못 인식하여 유아의 놀이에서 59개 내용이 나타나는지 여부만을 체크하지 않도록 유의한다.

④ 평가 결과는 유아에 대한 이해와 누리과정 운영 개선을 위한 자료로 활용할 수 있다.

교사는 유아의 놀이, 일상생활, 활동을 통해 수집된 자료를 평가의 목적에 맞게 종합하여 평가의 결과를 얻을 수 있다. 유아 평가의 결과는 유아가 행복감을 느끼고 전인적으로 발달하도록 도움을 주는 데 활용한다. 또한 누리과정이 추구하는 인간상과 목적 및 목표 등에 비추어 유아의 특성과 변화 정도를 이해하고, 유아의 배움과 성장에 도움이 되도록 지원하는 데 활용한다. 수집된 모든 자료를 바탕으로 개별 유아의 특성과 변화 정도를 종합적으로 이해하여, 이를 부모와의 면담자료 및 유아의 생활지도 등에 활용할 수 있다.

한편, 유아교육기관에서 자율적인 방식을 통해 실시한 누리과정 운영 평가의 결과는 각 기관에서 유아 · 놀이 중심 교육과정의 운영을 더 나은 방향으로 개선하는 데 활용할 수 있다.

2. 아동과학지도 평가의 내용

영유아에 대한 평가는 과학교육의 목표인 과학적 사고능력과 태도에 대한 평가가 주 내용이 되어야 한다.

1) 탐구능력 평가

영유아의 탐구능력을 평가하는 목적은 영유아의 현재 수준을 파악하고, 부족한 점을 보완할 수 있는 교수-학습 전략을 마련하는 것이다. 따라서 영유아의 탐구능력은 과학활동이 진행되는 상황에서 자연스럽게 이루어지는 것이 바람직하다. 관찰과 비교, 분류, 측정 등으로 이루어지는 과정 속에서 교사는 개별 유아의 반응과 참여 정도를 살피고 어려워하는 점이나 부족한 점을 파악해야 한다. 개별 유아의 탐구능력을 향상시키기 위해서는 총체적인 평가가 필요하며 탐구능력을 계발할 수 있도록 교사는 평가를 지속적으로 실시해야 한다.

마틴(Martin, 2014)은 영유아의 탐구능력을 평가하기 위해서 탐구능력의 발달을 나타내는 구체적인 행동을 지표로 제시하고 있다.

관찰의 경우, 사물을 찾아내고 적절한 감각을 모두 사용하여 속성을 정확하게 기술하였는지를 평가한다. 비교는 수집된 자료들 간의 유사점, 차이점, 공통점 등을 발견하였는지를 평가한다. 분류의 경우, 사물의 주요 특성을 파악하고 일정한 기준에 따라 다양한 방법으로 정확하게 분류하였는지를 평가한다. 측정은 적절한 측정 유형 및 측정 단위, 측정 도구 등을 사용하여 적절한 방법으로 측정하였는지를, 의사소통은 사물을 정확하게 묘사하고 다른 사람에게 정보나 자신의 의사를 정확하게 전달하였는지를 평가한다. 추론은 사물과 사건의 관계를 기술하고 필요한 정보만을 사용하여 추론하였는지를 평가하고, 예측은 패턴을 만들어 예측하고 예측한 이유를 논리적으로 말하였는지를 평가한다. 실험의 경우, 지시사항에 따라 물질을 조작하고 검증 가능한 의문을 찾아내서 탐구를 수행하였는지를 평가한다.

마틴이 제시한 탐구능력의 발달을 나타내는 행동지표 중 유아에게 적합한 것들을 선택하여 재구성한 것이다(Martin, 2014).

표 11-1 탐구능력 발달을 나타내는 행동지표

탐구능력	행동지표
관찰	사물 찾아내기, 하나 이상의 감각 이용하기, 적절한 모든 감각 이용하기, 사물의 속성을 정확히 묘사하기, 사물의 변화 묘사하기
비교	수집된 자료들 비교하기, 사물들 간의 유사점 발견하기, 사물들 간의 차이점 발견하기, 사물들 간의 공통점 발견하기
분류	사물들을 분류할 수 있는 주요한 속성 파악하기, 수집된 사물들의 공통된 특성 찾아내기, 두 묶음으로 정확히 분류하기, 다양한 방법으로 정확히 분류하기, 하위 그룹 구성하기, 자신의 분류기준 세우기
측정	적절한 측정 유형(길이, 부피, 무게 등) 선택하기, 적절한 측정단위 선택하기, 측정도구를 적절히 사용하기, 적절한 방법으로 측정하기
의사소통	대상을 정확히 묘사하기, 알려지지 않은 대상을 다른 사람이 알 수 있게 묘사하기, 말과 글로 다른 사람에게 정확히 정보 전달하기, 생각을 말로 표현하기
추론	사물과 사건의 관계 기술하기, 적절한 모든 정보를 이용하여 추론하기, 없는 정보를 이용하지 않기, 불필요한 정보 가려내기, 적합한 상황에서 추론하기
예측	규칙성 만들기, 규칙성 확장하기, 간단한 예측하기, 적합한 상황에서 예측하기, 예측한 이유를 논리적으로 말하기
실험	실험에 필요한 지시 따르기, 문제해결을 위한 대안 개발하기, 실험 재료 조작하기, 시행착오를 거쳐 탐구하기, 검증할 수 있는 문제 찾아내기, 자신의 탐구 절차 구상하기, 타당한 결론 내리기

2) 과학태도 평가

현대 과학교육은 과학의 인지적 측면뿐만 아니라 정의적 측면을 강조하고 있다. 특히 영유아가 과학지식을 습득하는 것보다 주변의 사물에 호기심을 가지고 즐기면서 지속적으로 탐구하는 태도가 중시되고 있다. 과학적 태도는 과학적으로 사고하거나 행동하려는 성향으로, 인지적 · 행동적 요소를 모두 포함한다. 탐구하는 자세, 과학지식이나 기술을 실천하려는 생각, 아이디어와 정보의 비판적 수용, 문제해결과 의사결정에 대한 합리적 접근방법 등이 과학적 태도에 포함된다. 과학적 태도가 형성되지 않으면 일상생활에서 제기되는 문제를 과학적 방법으로 해결할 수 없는 것이다.

과학적 태도는 단시간에 집중적으로 학습되는 것이 아니라 다양한 경험과 지속적인 관계를 통해 습득되는 것이다. 그러나 영유아의 사전 경험이나 지식 등에 따라 과학적 태도는 변화하게 된다. 따라서 영유아의 과학태도를 다양한 측면에서 지속적으로 평가하는 것이 필요하다.

과학태도를 평가하기 위해서는 과학에 대한 태도와 과학적 태도를 동시에 평가할 수 있는 문항을 이용하는 것이 효율적이다.

과학태도를 평가하기 위한 문항

- 과학시간이 재미있는가?
- 과학시간이 편안한가?
- 과학활동에 참여하는 것이 즐거운가?
- 커서 과학자가 되고 싶은가?
- 궁금한 것이 있으면 선생님이나 친구들에게 물어보는가?
- 식물이나 동물 기르는 것이 좋은가?
- 실험을 하는 것이 신나는가?

출처: 김승희(2015).

3. 아동과학지도 평가의 방법

1) 관찰법

관찰은 일상생활에서 나타나는 자연스러운 행동을 기록하는 방법으로, 교육현장에서 일반적으로 하는 기본적인 영유아 평가방법이다. 관찰은 발달 특성상 언어적 의사소통이 원활하지 않은 영유아에게 적합하며, 비언어적 행동에 대한 정보를 제공한다는 점에서 많이 사용되고 있다. 영유아 과학교육과 관련하여 현장에서 많이 사용되는 관찰에는 일화기록, 체크리스트, 평정척도 등이 있으며, 관찰방법은 한 가지만 적용하기보다 한두 가지를 함께 사용하여 평가의 정확도를 높이는 것이 좋다.

(1) 일화기록

일화기록은 과학활동 중 특정 행동이나 태도의 변화를 있는 그대로 기술하는 방법으로, 현장에서 가장 많이 사용되는 방법이다. 이러한 기록은 영유아의 특성을 나타내는 하나의 사건에 대해 객관적이고 상세하게 기록하는 것이다. 시간이나 틀에 얽매이지 않아도 되는 장점이 있으나 시간이 많이 소모되는 것은 단점이다. 영유아에 대한 이해와 누적된 정보를 주며, 모든 영유아에 대한 관찰기록을 수행하여 객관적 평가를 내릴 수 있는 자료를 제공한다.

일화기록에는 특별한 양식이 필요하지는 않지만 영유아의 성명, 관찰자, 관찰 일시 및 장소, 과학적 사건 및 상황에 대한 요약, 그리고 영유아의 언어, 행동 등을 구체적이고 명료하게 기록하여야 하며, 사실을 왜곡할 수 있는 주관적 의미가 포함된 단어들은 배제해야 한다.

(2) 체크리스트

체크리스트는 관찰할 유아의 행동 목록을 미리 만들어 놓고 해당하는 사례가 나타나는지를 '예/아니오'의 형식으로 표기하는 방법이다. 체크리스트는 많은 양의 정보를 빠르게 기록할 수 있는 방법으로, 항목은 관찰 가능하고 구체적인 문항을 사용해야 하며, 교사는 각각의 행동목록에 대해 잘 이해하고 있어야 한다. 시간이 절약되고 사용이 간편하나 목록에 포함되어 있지 않은 다양한 측면의 행동을 기록할 수 없다는 문제점이 있다.

표 11-2 체크리스트의 예

내용	예	아니오
1. 과학활동에 자발적으로 참여한다.		
2. 과학과 관련된 책을 골라서 본다.		
3. 동식물 기르기에 관심을 갖는다.		

(3) 평정척도

평정척도는 미리 정해 놓은 척도에 따라 영유아의 특정행동의 성취 수준이나 특성의 정도를 평정하는 것으로, 체크리스트의 제한점을 보완하여 행동의 출현유무뿐 아니라 행동의 질이나 발생빈도에 따라 점수를 부과하는 방법이다. 일화기록이나 체크리스트와 달리 관찰 결과 자체가 아니라 관찰 결과에 따른 교사의 판단을 기록하는 것이어서 주관성의 배제가 어렵다는 단점이 있으며, 3점, 5점, 7점 척도가 일반적이다.

2) 면담법

교사와 영유아 간의 직접적인 상호작용을 통해 이루어지는 면담은 관찰로는 얻기 어려운 정보를 수집할 수 있다. 면담은 다양한 형태로 이루어질 수 있으나 가장 실용적인 방법은 교사의 질문일 것이다. 개방형 면담은 일정한 형식 없이 학습과 관련된 질문을 할 때 아는 것에 대해 자유롭게 답변하는 형식이며, 구조화된 면담은 교사가 학습한 내용에 기초하여 미리 질문을 구성하고 모든 영유아에게 같은 질문을 하는 형식이다. 부분적으로 구조화된 면담은 주어진 질문에 대해 영유아가 자유롭게 답하고 그 대답을 통해 학습 정도를 평가하는 것이나 질문이 미리 정해져 있기 때문에 개방형 면담만큼 깊이 있는 생각을 파악할 수 없다는 단점이 있다. 면담은 읽고 쓰는 능력이 부족한 영유아에게 적합한 방법이나 모든 영유아가 면담 상황에 잘 반응하는 것은 아니며, 교사에게도 많은 훈련을 요하는 평가방법이다.

3) 포트폴리오 평가

포트폴리오 평가는 시간의 흐름에 따라 개별 영유아의 성장과 발달에 대한 다양한 측면에 대한 평가로, 현장에서는 주로 교육과정 내용 영역별로 자료를 수집하여 평가한다. 즉, 관찰, 면담, 검사, 작품수집, 과학일지 등 모든 방법으로 얻은 결과를 장기간에 걸쳐 모아둔 자료집을 보고 평가하는 것이다. 따라서 다양한 평가방법과 더불어 교사, 또래, 가족과 유아 자신이 모두 평가의 주체가 된다는 점에서 총체적인 평가방법이다.

포트폴리오 평가를 영유아 과학교육에 사용할 경우 다음과 같은 효과를 얻을 수 있다(김현경 외, 2016). 첫째, 영유아의 자기 평가를 통해 반성적 사고를 돕는다. 둘째, 영유아의 개인차를 고려할 수 있다. 셋째, 영유아의 향상, 노력, 성취에 초점을 맞춘다. 넷째, 영유아의 과학활동을 수준별로 평가할 수 있다. 다섯째, 과학학습에 평가와 교수를 연결시킬 수 있다.

포트폴리오를 통한 성취 평가에서는 영유아의 진보와 성장의 모든 양상을 고려할 수 있으며, 이를 통하여 영유아의 흥미, 태도, 학습양식, 인지발달, 탐구과정, 내용 습득 등 전반적인 발달 양상의 변화과정을 알 수 있다.

이러한 포트폴리오 평가자료에는 다음과 같은 내용들이 포함될 수 있다.

- 사물의 변화 혹은 일이 진행되는 순서에 대한 이해를 나타내는 자기보고나 반응들
- 동식물 관찰기록 활동지
- 요리활동을 할 때 재료를 탐색하거나 변화과정을 관찰하는 사진이나 결과에 대한 기록들
- 주제와 관련된 과학활동 실험결과에 대한 예측, 실험과정을 나타내는 사진 및 결과에 대한 보고서
- 바깥놀이, 산책이나 견학지에서의 자연물 관찰사진 및 수집물 또는 영유아 관찰기록
- 과학적 주제에 대한 토론장면 및 토론결과, 문제해결 과정을 나타내는 사진 및 기록보고서 등
- 영유아가 즐겨보는 과학 관련 도서목록 및 관심분야에 대한 기록
- 영유아의 과학적 태도, 개념 발달을 볼 수 있는 학기별 체크리스트 및 개념발달이 나타난 증빙자료들

수집된 자료는 평가영역, 평가일시, 평가내용 및 관점, 상황, 평가유형을 밝히고, 활동의 특성에 따라 교사의 관찰기록과 이에 대한 의견을 서술형으로 기록한다. 또는 평가척도를 작성하여 표시하는 체크리스트의 형태, 또는 위 두 종류의 혼합형으로 평가를 기록한다.

PART 05

영유아 과학활동의 실제

12 영아를 위한 과학활동

13 유아를 위한 과학활동

14 통합적 접근

CHAPTER 12

영아를 위한 과학활동

교사는 영아와 즐겁고 신나는 과학활동을 하기 위해 표준보육과정의 자연탐구영역 내용을 숙지하고 영아들의 경험이나 놀이가 의미 있게 연결될 수 있도록 한다. 유아교육기관에서 이루어지는 영아의 하루 일과는 일상생활과 놀이활동으로 이루어지며 그 어떠한 상황에서도 과학활동이 이루어질 수 있다. 영아의 하루 일과 안에서 어떠한 탐색과 놀이가 이루어지는지 관찰하고 이해하며, 민감하게 영아를 지원함으로써 영아가 경험을 통해 세상을 이해할 수 있도록 돕는다.

1. 영아 과학활동

영아의 과학활동은 관심에 따라 다양하게 일어날 수도 있으며, 영아의 관심에 따라 계획한 활동이라도 그 활동이 일어날 수도 있고 다양하게 변경될 수도 있다. 따라서 교사는 영아의 놀이 진행을 살피면서 관련 놀이를 위한 지원을 해 줄 수 있도록 한다. 영아 놀이활동의 계획은 정해진 틀이 따로 있는 것이 아니라 교사가 적절하게 구성하여 사용할 수 있다.

교사가 영아의 과학활동을 준비할 때는 다음과 같은 사항들을 고려할 필요가 있다.

1) 발달적 특성을 고려한 활동

영아의 과학활동은 영아의 주변 생활과 밀접하게 연결된다. 교사는 영아를 관찰하여 영아가 관심을 기울이는 것을 중심으로 영아의 활동을 계획할 수 있다. 특히 영아에게 있어서 주변 세상은 모든 것이 새롭고 궁금하고 탐색하고 싶은 것들일 것이다. 교사는 영아의 입장에서 안전하게 탐색하고 시도하고 놀이할 수 있도록 도와야 한다. 따라서 교사는 영아의 발달적 특성을 알아야 하며 영아의 관심과 흥미에 기초한 활동들을 경험하고 시도해 볼 수 있도록 배려한다.

2) 관심과 흥미를 고려한 활동

영아 주변의 친숙한 것들 중 영아의 관심을 끄는 활동은 영아에게 적절한 활동이라 할 수 있다. 예를 들면, 간식으로 나오는 밤을 커다란 통에 두면 영아는 자신의 관심과 흥미에 따라 늘어놓기, 만져 보기, 옆에 있는 그릇에 담아 보고 쏟고 담기,

굴려 보는 등 활동을 통해 즐겁게 밤의 모양, 색깔, 느낌 등을 탐색해 볼 수 있다. 교사는 영아의 흥미가 지속되는 정도를 지켜보면서 다양한 그릇을 가져다 놓거나 호두나 구멍이 뚫린 상자, 담을 수 있는 주머니나 버켓 등의 소품을 제공해 주어 흥미가 지속될 수 있도록 돕는다. 또한 교사는 영아와 함께 즐겁게 놀이하고 영아의 놀이 행동을 언어화해 주며 격려해 주어야 한다.

영아에게 적절한 과학활동의 내용은 영아들이 흔히 접할 수 있는 주변 사물, 주변에서 볼 수 있는 동식물, 자연물, 자연현상 등이라 할 수 있다. 이러한 활동은 간식으로 나오는 과일이나 채소, 두부 등이 될 수도 있으며, 나들이 나갔다가 우연히 발견한 돌멩이나 꽃잎, 나뭇잎 등이 될 수도 있다. 또한 친구 신발에서 걸을 때마다 들리는 소리, 불빛일 수도 있다. 영아의 관심은 매우 짧을 수도 있으며 생각보다 길 수도 있다. 그래서 교사는 영아의 시선을 주시하며 영아가 바라보고 있는 것(관심을 보이는 것)을 함께 보면서(joint attention) 영아가 호기심을 탐구할 수 있도록 도와야 한다.

3) 교사의 민감성과 적극적 지원

영아 교사는 영아의 시선을 따라감(joint attention)으로써 현재 영아의 관심과 흥미를 감지할 수 있다. 교사는 민감하고 조심스럽게 영아의 시도가 안전하게 이루어질 수 있도록 지켜보고 지원해 주어야 한다. 때로는 영아의 요구에 바로 반응해 주어야 하는 경우가 있다. 지금 손에 닿지 않는 곳에 있는 필요한 물건이나 놀잇감을 달라고 하는 경우에는 즉각 도움을 주어 영아의 놀이가 진행될 수 있도록 돕는다. 한편 통의 구멍에 여러 가지 물건을 애써 집어넣으려고 다양한 방법을 시도해 보고 있는 영아가 무조건 쉽게 집어넣을 수 있도록 손을 잡거나 물건을 돌려 주는 것은 민감한 교사라 할 수 없다.

이렇게 교사는 영아의 과학활동을 지원하면서 지켜보아 주어야 할지, 즉각적으로 도와야 하는지, 활동에 필요한 도구나 자료를 제공해야 하는지 혹은 표정, 몸짓 등의 비언어적인 지원을 해야 할지를 파악해서 적절하게 지원해야 한다. 그리고 영아의 신호나 한두 단어의 의사표현, 또는 비언어적 상호작용에 대해서도 언어화해 주고, 현재 활동하고 있는 영아의 행동도 언어화해 줌으로써 영아가 현재 무엇을 하고 있는지 스스로 알 수 있도록 도와준다. 즉, "작은 구멍에 장난감을 넣고 있네. 그런데 잘 안 들어가는구나. 이번에는 돌려서 넣어 봤어? 와! 쏘옥 들어갔네!" 라고 영아가 하고 있는 행동에 대해 언어화해 주는 것이다.

4) 영아 개인차를 고려한 개별화 활동

영아는 같은 연령일지라도 그 차이가 매우 커서 다 같이 탐색 및 관찰활동을 하는 것이 적절하지 않다. 교사는 영아들의 발달에 적절하면서도 관심을 끌 수 있는 과학활동을 제시하고, 탐색하는 영아들을 주의 기울여 관찰하면서 놀이가 이루어질 수 있도록 지원해야 한다. 또한 영아들은 활동의 지속성이 짧고 영아마다 관심과 흥미가 달라 그 시간에 있어서도 차이가 크므로 함께 활동을 하다가도 쉽게 다른 활동으로 관심이 전환될 수 있음을 이해하고 영아의 놀이를 지원할 수 있어야 한다. 영아에 따라 활동 초기에 적극적으로 탐색하지만 전이가 빨라 다른 활동으로 관심이 쉽게 변하는 아이가 있는가 하면, 다른 영아들의 활동을 지켜보기는 하지만 좀처럼 새로운 활동에 참여하지 않거나 며칠 또는 한참이 지난 후에야 제시된 활동을 시도하는 영아도 있다. 교사는 이러한 영아를 인정하고 그 특성을 기록해 둔다면 영아를 지원하는 소중한 자료로 사용할 수 있을 것이다.

5) 안전을 고려한 활동

영아의 과학활동은 그 발달적 특징으로 인하여 안전을 우선적으로 고려해야 한다. 무엇이든 입으로 가져가고 아직 대·소근육 발달의 미성숙으로 인해 잘 넘어지고 자신의 신체조절에 어려움을 겪기에 위험에 쉽게 노출된다. 따라서 여러 가지 도구를 사용하게 되는 과학활동, 동식물로부터의 유해한 성분 등을 충분히 고려해야 한다. 크기가 작거나 미끄러워 쉽게 목에 넘어갈 수 있는 물체는 특히 조심해야 하며, 식물의 관찰과 같은 활동을 하다가도 무심코 작은 열매나 씨앗, 화분의 흙 등을 입으로 가져갈 수 있으니 유의해야 한다. 따라서 교사는 동식물을 제시할 때는 교사와 함께 영아들이 쉽게 볼 수 있도록 제시해 주지만, 평소에는 교사가 지켜보고 있지 않을 상황을 대비해 영아의 손에 닿지 않는 곳으로 옮겨놓아야 한다.

동물의 경우도 거북이와 같은 살모넬라균의 감염이 우려되는 경우나, 영아가 만질 때 힘을 조절할 수 없어 동물에 해를 끼칠 경우가 있다. 그러므로 교사의 관리하에서 안전한 관찰통 등을 통해 관찰할 수 있어야 한다.

영아는 아직 신체발달이 안정적이지 않아 알레르기를 일으키는 경우를 쉽게 볼 수 있다. 또한 아직 다양한 음식에 대한 경험이 많지 않아 알레르기에 대한 반응을 부모도 미처 알지 못하는 경우가 많다. 예를 들면, 영아의 탐색활동으로 밀가루 점토, 우유에 가루 녹여 보기 등 밀가루나 우유 성분이 들어간 제품을 사용한 활동들을 흔히 한다. 그리고 먹어 보는 활동이 아니라도 혹시 입에 들어갈 수 있음을 예측하고 주의해야 하지만, 영아는 순간적으로 그것들을 입에 넣게 될 수 있다. 이때 알레르기가 있는 영아라면 적은 양에도 반응을 할 수 있으므로 교사는 특히 주의를 기울여야 한다. 또한 겉으로는 제품의 성분을 쉽게 알 수 없지만 내용적으로 알레르기를 일으킬 수 있는 물질이 함유된 경우가 있기 때문에, 교사들은 과학활동의 재료들을 잘 살펴서 일어날 수 있는 안전상의 문제를 세심하게 고려해야 한다.

표 12-1 과학활동 교육계획안 작성의 예

밀가루 풀 주머니	
활동자료	밀가루 풀 주머니, 다양한 색을 만들 수 있는 식재료(브로콜리즙, 당근즙, 포도즙 등), 영아와 교사의 사진이 들어 있는 지퍼팩
활동목표	부드럽고 말랑한 밀가루 풀의 촉감을 느껴 본다. 사진의 부분을 보고 전체에 대해 호기심을 가진다.
활동계획	다양한 색과 크기의 밀가루 풀 주머니 탐색하기 신체를 이용하여 밀가루 풀 주머니 탐색하기 밀가루 풀 주머니에서 친구, 선생님 사진 찾아보기
실행	〈1수준〉 밀가루 풀 주머니 탐색하기 • 몇몇 영아가 탐색영역에 둔 여러 가지 색깔의 밀가루 풀을 바라본다. – (교사는 다가가) "○○야, 이게 무얼까? 알록달록 멋진 색깔이네." – "우리 이거 한번 만져 볼까?" (영아는 교사를 바라보고 있다.) – "와! 말랑말랑, 미끌미끌하네.", "○○이도 해 볼까?" – "그래, ○○이도 노란색 풀 주머니를 꾸욱 눌렀네." • 영아의 관심과 흥미에 따라 손가락, 손바닥, 팔꿈치, 발바닥 등 다양한 신체 부위로 밀가루 풀 주머니를 눌러 볼 수 있도록 한다. 〈2수준〉 코팅 사진이 들어 있는 밀가루 풀 주머니 탐색하기 – "이번에는 손가락으로 주~욱, 주~욱 밀어 볼까?" – "와, 여기 길이 생기네." – (다시 손바닥으로 누르며) "없어졌다." – "이번에는 손가락으로 그림을 그려 볼까?" (손가락으로 천천히 밀가루 풀을 누르며 그림을 그려 본다. 이때 유아의 시선을 살펴본다.) – "어? 근데 이게 뭐지? 뭐가 여기에 있지? 사진이네. 누구야?" (영아는 말없이 사진에 해당하는 친구를 교실에서 찾아 손으로 가리킨다) "와! □□ 사진이 여기 있었네. ○○이가 □□를 찾았어. 와! 우리 ○○이가 잘 찾았네." (영아의 흥미를 고려해서 영아가 직접 밀가루 풀을 밀어 사진을 찾아 교실에서 친구를 찾도록 해본다.)
유의점	1. 지퍼팩 속의 풀이 새어나오지 않도록 잘 마무리한다. 2. 밀가루 풀은 상온에서 오래 사용하면 변질될 수 있으므로 냉장 보관해야 하며 되도록 짧은 시간 사용하거나 새롭게 만들어 사용하도록 한다.

출처: 보건복지부(2014a)를 재구성.

표 12-2 영아의 활동을 지원하는 다양한 교사제작 활동

영아의 다양한 활동을 위해 교사는 직접 놀이 자료를 제작하여 제공해 줄 수 있다. 다음은 몇 가지 영아들의 탐색활동을 돕는 대표적인 교사 제작 놀이 자료이다. 이 밖에도 쉐이빙 크림, 녹말물, 색셀로판지를 이용한 안경, 밀가루 풀 주머니 등 여러 가지 놀이 자료들은 영아의 놀이를 돕는다.

밀가루 반죽 제작 방법의 예

〈방법 1〉 부드러운 밀가루 반죽 만들기
재료: 밀가루 2C, 소금 1C, 뜨거운 물 1C, 식용유 2Ts
방법: 재료를 넣고 물을 붓고 손으로 재료를 섞고 주물러 반죽한다(원하는 반죽 정도에 따라 밀가루와 물을 첨가한다).

〈방법 2〉 단단한 밀가루 반죽 만들기
재료: 밀가루 3C, 소금 3C, 명반 3Ts, 적당량
방법: 재료를 섞은 후 물을 조금씩 붓는다. → 숟가락으로 젓는다. → 밀가루가 뭉쳐지면 손으로 찰흙의 느낌이 날 때까지 반죽한다(반죽 상태에 따라 물을 조절한다).

〈방법 3〉 아주 말랑한 반죽
재료: 옥수수 전분 1C, 소금 1C, 물 1/2C
방법: 재료를 섞는다. → 낮은 불에 올려놓고 공 모양이 될 때까지 숟가락으로 젓는다. → 반죽을 식힌 후 사용하고, 활동 후에는 지퍼팩에 담아 보관한다.

〈방법 4〉 보다 오래 가고 안전한 반죽
재료: 밀가루 1C, 물 1C, 꽃소금 1/2C, 식용유 1Ts, 타르타르 약간(방부제와 탄성)
방법: 재료를 모두 넣고 뚝뚝 떨어질 정도까지 섞는다. → 프라이팬에 주걱으로 저으며 익힌다.

모래 반죽

재료: 깨끗한 모래 4C, 밀가루 3C, 옥수수 전분 1/4, 식용유 1/4, 물 1C
방법: 모래와 물을 섞는다. → 전분, 기름, 물을 넣고 섞는다. → 질감을 만져 가며 물을 더 넣는다.

비눗방울 용액 제작 방법의 예

재료: 비눗방울 담을 용기, 물, 주방세제, 글리세린, 물엿 또는 설탕 조금
물 : 주방세제 : 글리세린 = 3 : 3 : 1(예: 물 300ml : 주방세제 300ml : 글리세린 100ml)
방법: ① 물과 주방세제 글리세린을 제시된 비율로 섞는다.
② ①에 물엿 또는 설탕을 조금 섞는다.

비눗방울 막대

재료: 긴 막대(나무젓가락, 아크릴 판 등), 모루, 끈 또는 본드
방법: ① 모루를 손잡이가 있는 동그라미 모양으로 만들고 손잡이 부분을 긴 막대에 돌려 본드나 끈으로 고정시킨다.
② 모루에 달린 털을 가위로 자른다.

출처: 보건복지부(2014c).

2. 영아 과학활동 실행

영아를 위한 과학활동은 하루 중 가장 적절한 시간에 실행한다. 교사는 과학활동을 실행하기 이전에 반드시 미리 해 보아 활동 시 발생할 수 있는 다양한 상황에 대처할 수 있도록 한다. 만약 실시해 보지 않은 채 활동을 진행한다면 예측하지 못한 상황이 벌어질 수 있기 때문이다. 즉, 영아에게 불린 미역을 만져 보는 체험을 계획했다면, 교사는 미리 마른 미역을 물에 담가 보아 어느 정도의 양이 적절한지, 혹시 영아가 쉽게 삼킬 수 있는 크기는 아닌지 등을 점검해 보아야 하는 것이다.

이렇게 교사가 준비한 영아를 위한 과학활동은 탐색을 중심으로 이루어지는 것이 적절하다. 영아는 스스로 자신의 관심과 흥미, 속도에 맞추어 탐색하면서 자신이 만난 세상을 알아간다. 따라서 영아를 위한 효과적인 과학활동 지도방법은 '탐색활동'과 '교사와 함께 놀이하기' 등으로 진행한다. 활동은 도입-전개-마무리에 따라 제시하되 활동 중 영아의 관심과 흥미 등을 관찰하면서 활동을 변화 · 확장하고 지속 시간 등을 융통성 있게 조정할 수 있다.

1) 탐색활동

탐색활동은 영아가 어떤 물체와 물질 또는 자연물 등 주변 세계를 오감각을 활용하여, 영아-교사가 함께 놀이하며 물리적으로 탐색하는 것이다. 교사는 영아가 자연스럽게 탐색을 할 수 있도록 다양한 환경을 제공해야 한다. 영아의 발달과 흥미에 적절한 자연물을 제시하거나 영아가 쉽게 접할 수 있는 밀가루, 비눗방울, 크림, 두부, 채소 등을 준비하여 탐색해 보도록 하는 것이다. 먼저 교사는 제공한 활동을 영아가 자신만의 방법으로 탐색하도록 허용해야 한다. 그 후 점차 교사는 영아에게 적절한 도구를 제공해 주거나 관심을 가질 것으로 예측되는 다양한 자료를 추가로 제공하여 영아가 다양한 방법으로 탐색할 수 있도록 지원한다. 한편 밖으로 나가 영아가 자연스럽게 자연물과 자연에 대해 탐색을 할 수 있도록 기회를 제공해야 한다.

(1) 탐색 초기

① 영아가 다양한 방법으로 대상을 탐색하도록 한다(보기, 듣기, 만져 보기, 맛보기, 냄새 맡기).

② 먼저 가장 대표적 특성에 대해 탐색하도록 한다.

③ 도구를 사용하지 않고 대상을 탐색해 보도록 한다.
④ 처음에는 영아에게 익숙한 재료를 사용하며 점차 새로운 재료들을 사용해 볼 수 있도록 한다.
⑤ 대근육을 사용해서 탐색해 보도록 한다.
⑥ 쉽게 정돈할 수 있는 활동을 하도록 한다.

(2) 탐색 중기

① 대상의 한두 가지 특성을 중심으로 탐색하도록 격려해 본다.
② 교사가 도움을 주어 조작할 수 있는 도구를 사용하여 탐색하도록 한다.
③ 영아에게 익숙하지만 새롭게 탐색하는 재료를 소개하여 탐색하도록 한다.
④ 소근육이나 다른 신체 부위를 활용하여 탐색하도록 한다.
⑤ 물리적 변화를 중심으로 탐색하도록 한다.

(3) 탐색 후기

① 한 가지 대상의 다양한 특성을 탐색하도록 격려해 본다.
② 다양한 도구를 활용하여 대상을 탐색하도록 한다.
③ 영아에게 익숙하지 않은 재료를 소개한다.
④ 대 · 소근육을 함께 사용하여 탐색해 보도록 한다.
⑤ 생소한 재료들까지 다양한 재료를 탐색해 보도록 한다.
⑥ 위험하지 않은 범위 내에서 화학적 변화까지도 탐색해 보도록 한다.
⑦ 일상생활에서의 과학활동, 탐색활동을 통한 영아 과학활동, 산책을 통한 영아 과학활동, 요리하기(영아의 경우 요리 레시피 작성은 필요하지 않음) 등을 한다.

2) 교사-영아와 함께 놀이하기

교사는 다양한 방법으로 영아와 놀이를 통해서 활동이 진행될 수 있도록 한다. 교사들은 자신이 영아와 함께 놀이자로서 과학활동에 참여한다. 영아와 함께 관찰하고, 여러 가지 도구를 활용해 대상을 탐색하거나 다양한 실험을 해 보면서 자연스럽게 영아가 놀이를 경험하고 확장해 나갈 수 있도록 돕는다.

이때 교사는 놀이를 이끌거나 강요하지 않고 영아의 자유로운 선택을 존중한다. 교사 스스로 즐겁게 놀이에 참여함으로써 놀이를 즐기는 모습을 영아가 관찰할 수 있도록 한다. 영아는 관심과 홍미에 따라 자연스럽게 놀이에 참여하고 점차 교사의 도움 없이도 스스로 놀이를 할 뿐 아니라 더욱 적극적인 놀이활동을 통해 세상을 알아가게 된다. 교사는 영아를 관찰하면서 반복적인 활동을 통해 영아의 홍미가 지속될 수 있도록 충분한 환경과 시간을 제공한다.

교사는 제시하기-탐색하기-놀이하기-놀이 확장하기로 영아의 놀이가 반복적으로 일어날 수 있도록 하여 홍미가 지속될 수 있도록 돕는다.

그림 12-1 **영아 과학활동 실행**

(1) 놀이 시작

교사는 영아가 자유놀이를 통해 탐색할 수 있도록 영아가 잘 보이는 곳에 놀이자료를 제공하고 영아가 관심을 보일 때 그 시기를 포착하여 활동을 도입한다. 또한 교사가 함께 놀이하며 영아의 주의를 끌면서 영아에게 적절한 방법을 사용함으로써 모델링이 될 수도 있다.

영아의 활동에 관심을 기울이며 영아가 한 행동을 언어화해 주거나 다음과 같은 상호작용을 통해 영아의 행동을 격려하고 적절한 반응을 유도한다. 이때 영아의 행동을 면밀하게 관찰하고 상황에 적절하게 반응하여 영아의 놀이를 방해하지 않도록 유의해야 한다.

영아의 놀이에 관심 보이기

"아, 가방을 만들었구나."
"비닐가방에 스티커를 붙여서 ○○이 가방을 만들었네."
"소풍을 가려는데, 맛있는 도시락과 과자를 넣고 싶은데 가방이 없네. 누가 가방에 도시락과 과자를 넣어 줄까?"
"어, 이게 뭘까?"

환경을 제공해 주기

"와! 여기 알록달록한 것들이 있네.", "이게 뭐지?"
"○○이가 모래를 숟가락으로 파고 있구나.", "여기 모래 말고 또 뭐가 있지?"

교사가 참여자로 놀이하기

"어? 어디서 좋은 냄새가 나는 것 같은데?"
"이게 뭘까? 선생님도 ○○이처럼 흔들어 봐야겠다."

(2) 놀이 진행

실제로 진행하면서 교사는 질문이나 제안에 따라 행동하는 영아의 행동을 말로 설명하며 활동한다(예: "○○가 손으로 잡으니 부스럭부스럭 소리가 나네."). 한편 교사는 영아의 활동을 지켜보면서 영아의 시도와 실수 등을 수용해 주도록 한다. 특히 영아는 활동을 실행할 때 다양한 상황이 발생하여 계획한 대로 실행이 어려울 수 있다. 따라서 실행 시 관찰을 통해 영아의 반응에 따라 놀이와 활동이 융통성 있게 전개되도록 해야 한다. 교사는 활동을 준비할 때 맡은 반 영아들의 특성을 충분히 고려하고 반영하여 활동을 준비하는 것이 필요하다.

(3) 놀이 마무리

영아의 놀이는 생각보다 쉽게 시들해지거나 다양한 주변 환경에 의해 놀이가 변화하기도 한다. 놀이가 종료되어 놀이를 마칠 때 교사는 진행된 활동에 대해 정리해서 이야기해 주며 마무리를 하고, 다음 활동으로의 전이에 대해 미리 이야기해 준다(예: "친구들이랑 물병으로 놀이를 했지? 굴려도 보고, 따라가 보기도 하고, 흔들어도 봤네. 이제 맘마 먹으려고 하는데, 이 바구니에 물병을 다 담아 볼까?").

(4) 놀이의 계획

영아의 놀이 계획은 다양하게 이루어질 수 있다. 평소에 영아를 세심히 관찰한 것을 토대로 영아의 관심과 흥미를 반영하여 탐구활동을 계획할 수 있다. 한편 자연스럽게 탐색놀이를 하고 있는 영아를 지켜보다가 다양한 지원을 통해 영아의 탐구활동이 일어날 수 있도록 계획할 수 있다. 또한 진행되는 주제에 적절한 영아 과학활동을 염두에 두고 활동을 진행하다가 영아의 흥미와 관심에 따라 이루어진 실행을 보면서 계획하기도 한다. 정해진 어떤 방법이 있는 것은 아니다. 다만 영아의 발달, 관심, 흥미에 따라 영아의 속도로 놀이하는 것을 지켜보면서 영아를 지원하는 것이다.

표 12-3 영아 과학활동 실행-평가-계획의 예 1

<table>
<tr><th colspan="2">색수수깡으로 놀이해요</th></tr>
<tr><td>놀이 실행</td><td>[제시하기]
수수깡(긴 것과 짧은 것 섞어 줌), 다양한 모양의 투명 컵, 소꿉놀이 그릇과 도구를 놀이장에 넣어 둠(놀잇감을 한꺼번에 다 같이 제시하기보다는 영아의 놀이를 관찰하며 탐색을 도와줄 놀잇감을 순차적으로 첨가해 주어야겠다고 생각하며 장에 같이 둠)

[탐색하기]
수수깡을 바구니에 가득 담아 두었더니 한 영아가 관심을 보이기 시작하여 영아의 생각대로 수수깡을 탐색해 보도록 하였다.

[놀이하기]

긴 수수깡 한쪽을 잡아주고 영아가 다른 쪽 끝을 잡아 부러뜨려 보도록 해 보았더니 처음에는 약간 놀란 듯 멈칫하더니 계속해서 시도해 보았다. 뚝뚝 부러지면서 내는 소리에 관심을 기울이며 멈칫하다 웃으며 다시 부러뜨리기를 계속한 영아도 있었고, 부러진 수수깡을 한참 쳐다보기도 한 영아도 있었다. 교사는 "뚝! 소리가 나며 부러졌어?" 교사도 같이 부러뜨려 보면서 "부러졌네~. (붙여 보듯이 두 조각을 이어 대 보며) 부러져 버렸네!" 하고 곡에 맞추어 노래를 불러 주었다. 부러진 수수깡을 담아 볼 수 있도록 바구니, 투명 컵 등을 첨가해 주었더니 처음에는 어떻게 할지 모르는 듯 탐색하고 있었다. 교사가 옆에서 함께 놀이하며 컵에 담아 비처럼 쏟아부어 주거나 공중에 한 줌씩 흩뿌려 주었더니 영아들도 재미나게 활동하였다.

[놀이 확장하기]
재미있게 놀이하다가 어떤 영아는 소꿉놀이 그릇을 가져와 내밀었다. 그래서 다양한 그릇을 이용하여 쏟고 담는 놀이로 이어지게 되었다.</td></tr>
<tr><td>계획</td><td>수수깡 대신 신문지를 활용해도 좋을 것 같다.
- 영아의 관심과 참여에 따라 자유롭고 다양한 행동을 조장하기 위해 영아의 관심에 따라 영역을 점점 넓혀 줄 수 있을 것이다. 놀이실 바닥에서 편하게 놀 수 있도록 주변의 장애물들을 치워 주면 더 적극적으로 활동할 수 있을 것 같다. 음악을 준비해 주어 확장활동을 할 때 틀어 주어야겠다.</td></tr>
</table>

표 12-4 영아 과학활동 실행-평가-계획의 예 2

<table>
<tr><th colspan="2">색깔판으로 보아요</th></tr>
<tr><td>주제</td><td>느낄 수 있어요 – 살펴보아요</td></tr>
<tr><td>활동목표</td><td>색깔판으로 주변을 보기 위해 움직인다.
거울에 비친 자신의 모습에 관심을 갖는다.</td></tr>
<tr><td>활동자료</td><td>종이로 만들어 셀로판지를 붙인 여러 가지 색이 보이는 색깔판을 영아 수의 두 배 정도 준비, 거울

교구제작방법
① EVA(5t)를 21cm×14cm 네모로 2장 자른다.
② ①의 가운데 부분을 17cm×10cm 크기로 오려 낸다.
③ 셀로판지를 20cm×13cm 크기로 코팅한다.
④ 코팅한 셀로판지를 ①의 한 장에 부착한 후 ①의 나머지 한 장을 겹쳐 붙인다.</td></tr>
<tr><td>실행 및 평가</td><td>영아가 쉽게 잡을 수 있도록 손잡이가 있는 여러 가지 색깔의 투명판을 영아가 잘 보이는 곳에 준비하여 두었다. 교실을 둘러보던 ○○이가 선생님 얼굴에 색깔판을 대었다. 교사는 색깔판을 댄 채 영아 얼굴을 바라보며 “○○ 까꿍!” 하며 색깔판을 치우는 놀이를 시작하자 어린 영아는 손을 뻗어 색깔판을 만지며 관심 있게 바라보았다. 그러다가 색깔판을 얼굴 가까이에 붙이듯이 대고 “아~” 하는 소리를 내보거나 색이 달라진 놀이실과 교사를 잠시 바라보기도 하였다. 영아가 얼굴을 가렸던 투명판을 치우는 순간 교사가 “까꿍!”이라고 말하자 깔깔 웃으며 즐거워했다. 주변에 있는 다른 영아들도 관심을 가지며 색깔판 놀이하는 곳으로 와서 색깔판을 얼굴에 대고 주변을 살펴보거나 다른 영아들과 선생님의 놀이를 지켜보았다. 월령이 높은 영아들은 바로 색깔판을 얼굴에 대고 “까꿍!” 하는 동작을 따라하거나, 얼굴이 눌릴 정도로 가까이 대고 교사를 바라보곤 했고, 거울로 가서 색깔판을 얼굴에 댄 채 자신의 모습을 바라보기도 하면서 흥미가 오래 지속되었다. 색깔판은 내어 준 첫날인데도 영아가 좋아하는 ‘까꿍놀이’로 이어지자 더 많은 관심을 보이는 것 같았다. 내일은 함께 유리창 너머를 관찰해 보는 활동을 해 보며 새로운 경험으로 발전할 수 있도록 해 주어야겠다.
</td></tr>
</table>

활동계획	교사는 여러 가지 영아가 할 수 있는 놀이를 예측해 보며 영아가 관심을 보이는 놀이를 하도록 지원하다. 이때 다음과 같이 상호작용하며 영아의 놀이를 도울 수 있다. 1) 영아들이 관심을 가질 수 있도록 교실의 잘 보이는 곳에 색깔판을 놓아 둔다. 2) 색깔판을 눈에 대고 거울 앞에서 자신을 본다. – 우리 ○○이 얼마나 멋있는지 거울을 볼까? – 색깔판으로 보니까 ○○이는 어떤 색으로 보이니? – 거울에 ○○이는 어떤 색 옷을 입었지? – 색깔판을 눈에서 떼고 볼까? 어? 달라졌네. 3) 색깔판을 눈에 대고 여러 사물이나 친구를 살펴본다. – 색깔판을 눈에 대고 어디를 볼까? – 우리 교실 문도 보고, 장난감도 보고, 기저귀도 보고, 이번에는 또 뭘 볼까? – 다른 친구들도 색깔판을 눈에 대고 살펴볼까? 4) 색깔판으로 유리창 앞으로 가서 바깥을 살펴본다. – 바깥을 한번 봐 볼까? – 판을 대고 하늘을 보니 구름색이 다르네. – 미끄럼틀이네.
참고사항	1) 색깔판을 눈에 대고 움직일 때 안전에 주의한다. 2) 실외놀이로 연계하여 진행한다.

출처: 보건복지부(2014). 어린이집 표준보육과정에 기초한 영아보육프로그램 1세①, 재구성.

3. 영아 과학활동 평가

영아 과학활동의 평가는 과학활동의 목표 달성을 영아의 반응이나 발달적 효과를 통해 이루어졌는지 점검하는 것이다. 물론 한 번의 활동으로 보이는 달라진 모습을 평가하는 것은 적절하지 않다. 영아는 흥미와 관심을 가진 과학활동에 대해 계속해서 반복함으로써 사물에 대한 특성을 알아가고 자연스럽게 배움으로 이어진다. 교사는 영아의 활동을 관찰하면서 몇 줄의 실행기록 또는 놀이활동의 사진을 남길 수 있다. 이러한 기록은 자연스럽게 영아가 어떤 과학활동을 하였으며 이 활동을 통해 어떤 배움이 이루어졌는지 읽어 낼 수 있다.

표 12-5 영아 탐색활동 실행기록의 예

달팽이 관찰하기	
놀이실행	달팽이집을 제공해 주었더니 영아들은 움직이는 달팽이를 보며 달팽이가 움직이는 모습, 상추, 당근을 먹는 모습에 관심을 보였다. 달팽이가 상추를 먹을 때 상추에 구멍이 뚫어지는 것을 재미있어했다. 더듬이가 움직이는 모습, 달팽이 집 속으로 쏙 들어가는 모습을 보면서, 영아는 달팽이가 잠을 잔다고도 하고, 어디인지 모르는 거라고도 하면서 흥미를 나타냈다. 여러 날 반복적으로 관찰해 보면서 먹이 색깔에 따라 똥의 색이 달라지는 것을 발견하였으며, 상추, 당근, 양배추를 주고 먹는 모습도 보며 변 색깔을 살펴보고 비교하며 무척 신기해하였다. 

다음의 활동은 교사가 처음 놀이를 계획할 때 영아에게 립스틱을 발라 주고 어떻게 달라졌는지 보면서 탐색할 수 있도록 과학활동을 계획하였다. 그러나 막상 실행에서 교사의 계획과는 다르게 영아에 따라 적극적으로 참여하지 않으려 하거나 지켜보고 싶어 하는 영아들이 있었다. 또 어떤 영아는 입의 모양을 달리하면서 다양한 입술 모양을 찍어 보는 아이도 있었다. 이러한 과정을 통해 영아는 입술의 모양과 찍히는 모양의 비교나 다른 친구와 자신의 것을 비교해 볼 수도 있고, 입술에 립스틱을 바르며 달라지는 색의 변화 등을 알아갈 수도 있다. 비록 한 번의 활동으로 모든 것을 알아낼 수는 없지만, 흥미에 따라 반복적으로 지속되는 활동을 통해 영아는 다양한 것을 경험하고 알아간다. 교사는 진행되는 활동을 지원하고 지켜보고 기록함으로써 영아의 놀이를 이해하고 그 안에서 과학활동에서 달성하고자 하는 목표를 어떻게 이루어 나가는지를 확인할 수 있다.

표 12-6 영아 탐색활동 실행평가의 예

<table>
<tr><th colspan="4">활동: 립스틱을 발라 종이에 뽀뽀해요</th></tr>
<tr><th></th><th>계획</th><th>준비물</th><th>실행</th></tr>
<tr><td>감각·탐색</td><td>목표: 엄마가 사용하시는 립스틱을 입술에 발라 여러 가지 입 모양을 찍어 본다.

교사의 도움을 받아 거울을 보며 립스틱을 면봉으로 입에 바른다.
거울을 통해 손거울로 변화된 입술을 살펴본다.
도화지를 들거나 바닥에 내려놓고 몸을 움직여 입술도장을 찍어 본다.
관심과 흥미에 따라 다른 색 립스틱을 발라보기도 하고, 친구의 입술도장이 찍힌 종이와 비교해 본다.</td><td>립스틱, 거울, 면봉, 종이</td><td>활동 초기에는 입술을 발라 주자 꺼려하는 영아들이 있었다. 그래서 바로 입술을 닦아 주기도 했다. 교사가 모델링을 보이며 거울을 보고 함께 웃어 보이기도 하고, 종이에 다양한 입 모양을 찍어 보이자 영아들이 관심을 보였다. 어떤 영아들은 거울로 자신의 모습을 한참 보기도 하고, 어떤 영아는 조심스럽게 입술을 한 번 찍고 들고서 다른 친구들의 놀이를 지켜보기만 하였다. 또 종이에 다양한 입 모양을 찍어 보며 재미있어하는 영아도 있었다.</td></tr>
</table>

다음은 지속적인 교사의 관찰을 통하여 영아의 언어적, 비언어적 행동을 평가하는 방법이다. 즉, 한두 번의 활동을 통해서 어떤 변화를 평가하는 것은 영아에게 적절하지 않다. 따라서 지속적이고 반복적인 활동과 전반적인 놀이행동에 기반하여 평가한다. 〈표 12-7〉은 과학활동의 목표를 토대로 교사가 행동 관찰표를 제작하여 영아의 과학활동의 효과를 평가하는 표이다.

표 12-7 만 2세 영아의 과학활동의 평가표

항목	내용	전혀 그렇지 않다	별로 그렇지 않다	보통이다	대체로 그렇다	매우 그렇다
물체와 물질 탐색하기	1. 친숙한 물체와 물질에 관심을 가진다.					
	2. 친숙한 물체와 물질을 능동적으로 탐색한다.					
주변 동식물에 관심 가지기	3. 주변 동물의 모양, 소리, 움직임에 관심을 가진다.					
	4. 주변 식물의 모양, 소리, 움직임에 관심을 가진다.					
자연을 탐색하기	5. 돌, 물, 모래 등의 자연물을 탐색한다.					
	6. 날씨를 감각적으로 느낀다.					
생활도구 사용하기	7. 생활 속에서 간단한 도구에 관심을 가진다.					
	8. 간단한 도구를 사용한다.					
종합평가						

출처: 이순형 · 권혜진 · 권기남 · 김혜라 · 최나야 · 김지현(2015).

CHAPTER 13

유아를 위한 과학활동

유아를 위한 과학활동은 일상생활 안에서, 등・하원 길, 산책이나 견학, 실외놀이 중 언제 어디서나 이루어질 수 있다. 즉, 자유놀이 중 일어나는 과학활동은 대・소집단 활동의 연계로 이루어지기도 하며, 실외에서 자유롭게 놀다가 우연히 발견한 사물, 현상, 탐색활동 등을 통해서도 일어난다. 교사는 유아가 자발적 놀이활동을 통해 경험해야 하는 것이 무엇인지에 대해 관심을 가지고 유아의 놀이를 면밀하게 들여다볼 필요가 있다. 이 장에서는 자유놀이 시간과 대・소집단 활동을 통해 이루어지게 되는 과학활동의 실행-평가-계획에 대해 알아보고자 한다.

1. 유아 과학활동

유아를 위한 과학교육은 과학 개념만 따로 떨어져 이루어지는 것이 아니라 지금 이루어지는 놀이와 관련되어 유아의 흥미와 발달에 따라 유아 주도적으로 이루어지는 것이 바람직하다. 교사는 진행되는 주제나 유아들의 관심과 진행되는 놀이에 대해 함께 생각하고 유아가 관심을 가지고 몰입하는 놀이를 지원한다. 이때 유아들이 궁금해하는 것들을 중심으로 이야기를 나누거나 때로는 놀이자로서 함께 놀이하기도 하며, 자료나 환경을 제공해 주어 유아의 과학활동이 일어날 수 있도록 돕는다. 유아교육기관에서 주로 이루어지는 주제와 관련된 활동내용에 대해 다음 장의 주제 중심 통합적 활동 접근에 표로 분류하여 제시해 보았다. 하지만 이러한 과학활동의 선정에 있어서 가장 중요한 것은 담당하고 있는 반 유아들의 관심과 발달 그리고 현재 진행되고 있는 놀이와의 연계성을 고려하는 것이다. 그래서 필요하다고 판단될 때 환경을 마련해 주거나 자료를 제공해 주며, 이야기 나누기나 실험활동 등을 할 수 있다. 즉, 교사는 유아들의 자연스러운 놀이활동을 통해 충분히 배움이 일어나고 있다고 판단된다면, 이를 실험으로 확장을 할 것인지, 아니면 어떤 형태로 놀이가 이어지도록 해야 하는지 유아들과 논의하고 유아들의 욕구를 반영해야 한다. 유아들이 실험을 통해 그들의 궁금증을 해결하고자 할 때 교사는 유아들이 실험을 계획하고 진행해 볼 수 있도록 적절한 발문을 통해 도움을 줄 수 있다.

2. 유아 과학활동 실행

1) 과학영역에서의 활동

과학영역은 생활 주변에서 흔히 볼 수 있는 각종 도구와 자연물, 유아에게 해롭지 않은 동식물, 활동실의 과학영역뿐 아니라 실외 공간의 자연환경과 동식물 등 어쩌면 유아를 둘러싸고 있는 주변 환경 전체가 과학영역이라 말할 수 있다. 유아는 주변의 모든 것에 끊임없이 관심을 갖고, 질문하고, 탐색하며, 호기심을 나타낸다. 따라서 자연, 물리적 현상에 대한 호기심을 자극하는 환경을 제공하여 유아가 보고, 듣고, 만지고, 냄새 맡고, 맛보는 등의 직접적인 경험을 통해 관찰, 실험, 탐구할 수 있도록 한다. 교실의 과학영역은 유아들의 다양한 호기심 해결을 시도하는 과정에서 문제해결 방법을 발견하는 능력을 기르며, 과학적 태도를 기르도록 돕는 데 그 가치가 있다. 또한 여러 유아와 서로 탐구한 것을 나누며 자신의 생각을 다른 사람 앞에서 표현하는 가운데 다른 사람의 의견을 수용적으로 받아들일 수 있는 사회적 능력도 도모하고 있다.

교사는 과학활동을 계획할 때 유아들의 자발적인 흥미와 관심에서 출발한다. 즉, 교사는 일과 중에 일어나는 유아의 호기심 어린 질문과 의문을 세심하게 관찰하여 과학활동의 계획에 충분히 반영한다. 과학활동을 진행할 때는 유아가 주도적인 입장이 되도록 하고, 항상 유아가 현재 이해할 수 있는 지식수준과 유아로부터 제시된 아이디어를 중심으로 진행한다. 또한 유아가 자료를 탐색하여 정보를 수집하고 이로써 발생한 확장된 질문을 해결하기 위해 다양한 방법을 스스로 찾아볼 수 있는 기회를 제공한다.

(1) 관찰활동

관찰활동은 유아들의 관찰력과 탐구력, 상상력, 논리적 사고력이 모두 발휘될 수 있도록 직접 관찰을 경험해 볼 수 있게 한다. 유아들은 오감각을 이용하여 보고, 듣고, 맛보고, 만져 보며 더 많은 과학적 사실을 알게 된다. 교사들은 주변의 각종 자료, 도구, 자연물, 동식물을 실내 · 외에 준비해 주어 유아들 스스로 호기심을 가지고 탐구하며 과학에 대한 지식을 넓혀 갈 수 있도록 한다. 다양한 과학활동 자료뿐 아니라 관련 서적이나 화보 등의 전시, 관찰 내용에 관한 도표나 그래프 등은 유아의 관찰활동을 더욱 강화한다. 따라서 교실의 게시판뿐 아니라 영역의 벽면이나 장 뒤, 교실 앞 복도 등에 다양한 방법으로 자료를 제시해 주어 유아들이 탐색해 볼 수 있도록 한다.

교사는 관찰활동을 활성화하기 위하여 다음과 같은 방법을 고려한다.

① 관찰하고 탐색할 수 있는 다양한 자료들을 유아들의 흥미와 생활주제, 계절에 맞추어 제시한다.
② 돋보기 등과 같은 관찰을 위한 기본 도구와 지속적 관찰이 요구되는 동식물 등은 계속 제시한다.
③ 유아의 창의적 사고의 발달을 돕기 위해 교사는 유아가 활동에 관심을 가질 수 있도록 활동을 소개하고 아이디어를 제시할 수 있다.
④ 교사는 유아의 활동을 관찰함으로써 유아의 이해, 흥미 등에 대한 정보를 얻고, 이는 교육과정 실행과 상호작용의 토대가 된다.
⑤ 교사는 유아의 사고를 자극하고 확장하는 질문을 한다. 이때 유아가 충분히 생각할 수 있도록 배려하며, 개방적인 질문을 통하여 일상적인 반응과 대답보다는 독특한 생각을 유도한다.
⑥ 과학영역에는 활동에 필요한 다양한 도구와 약품, 요리활동과 관련된 자료들이 제시되므로 유아의 안전에 유의하여야 한다.

표 13-1 관찰활동 계획안의 예

곶감 관찰하기	
목표	음식을 다른 방법으로 먹을 수 있는 데 관심을 가진다. 감을 곶감으로 변화시키는 과정을 탐색한다.
실행 평가	추석을 지내고 돌아온 유아들과 그동안 어떻게 지냈는지, 또 어떤 것들을 먹어 보았는지에 대한 이야기 나누기를 하였다. 유아들에게 여러 가지 과일 사진을 두고 먹어 본 음식 그래프를 만들어 보는 놀이를 할 수 있도록 준비해 주었다. 어떤 유아는 감, 다른 친구는 홍시나 곶감 사진을 붙여 놓았다. 나는 유아들이 감, 곶감, 홍시가 모두 감이라는 것을 아는지가 궁금했다. 그래서 유아들에게 그 사진의 음식 이름이 무엇인지를 물어보았다. 이름을 알고 있는 유아들도 있었고 홍시나 단감을 모두 감이라고 말하는 유아도 있었다. 그러나 곶감은 감과 다르다고 생각하는 유아들이 많았다. 그래서 유아들과 인터넷에서 감을 찾아보았다. 거기서 감이 단맛이 있는 감과 떫은 감이 있다는 것을 알았고 유아들과 경험을 나눠 보기도 했다. 떫다는 말이 무슨 말인지 모르는 유아들이 많아서 떫은 감을 가져와서 맛도 보고 홍시로 만들어 봐야겠다고 생각했다. 이렇게 감에도 여러 가지 종류가 있음을 알게 되었다. 나는 전에 집에서 어머니가 곶감을 말렸던 것을 아이들에게 이야기해 주었더니 유아들도 해 보고 싶다 해서 곶감 만들기를 시도해 보기로 하였다.
활동자료	곶감, 껍질을 얇게 깎아 놓은 꼭지가 달린 감, 막대, 관찰기록지, 다양한 필기도구
활동방법	1) 곶감을 먹어 본 적이 있는지 이야기 나눈다. 2) 곶감 만들 재료를 소개한다. – 껍질을 깎지 않은 감과 미리 껍질을 얇게 깎아 놓은 꼭지가 달린 감, 실, 막대 3) 순서도를 보고 곶감 막대 만들기 – 곶감 꼭지에 실을 여러 번 돌려 묶는다. – 실을 묶은 채 3~4개 연결한다. – 감 3~4개를 연결한 실을 다시 긴 막대에 묶는다. – 감을 엮은 막대를 실외놀이터에 매단다. 4) 매일 실외놀이 중에 나와 감의 변화 모습을 살펴보고 원하는 유아들은 관찰기록지에 글과 그림으로 표현해 볼 수 있도록 한다.
참고사항	1) 곶감이 완성되기까지 15일 정도 소요되므로 다음 주까지 연계하여 관찰한다. 2) 완성된 후 유아가 맛볼 수 있도록 한다. 3) 곶감은 비에 맞지 않도록 하고, 통풍이 잘되고 일조량이 많은 곳에 걸어 두어야 하며 초기 3~4일은 비가 오지 않아야 잘 마른다. 4) 교사는 전 과정을 사진으로 찍어 전시해 줌으로써 유아들의 관심이 지속될 수 있도록 돕는다.

출처: 보건복지부(2012). 5세 누리과정에 기초한 어린이집프로그램③, 재구성.

표 13-2 교사 실행 기록 · 평가 및 계획의 예

활동	교사의 평가 및 계획
산책을 나가려고 아이들에게 옷을 입게 하고 이름표를 달아 주었다. 먼저 준비한 친구들은 거울 보면서 옷을 잘 입었는지 보라고 하였다. 그런데 한 유아가 "어? 그런데 ㅇㅇ어린이집 글씨가 이상하게 보여."라며 좌우 반전되는 글씨를 발견하였다. 몇몇 아이들이 "어디?" 하면서 거울로 다가갔고 "완전 이상해"라며 글씨를 관찰하였다. 나는 유아들의 관찰행동을 지켜보면서 천천히 산책을 준비하고 있었다. 어떤 유아는 그림책을 가지고 와서 "어디, 이것도 그런가 보자." 하고는 "선생님 거울이 이상해요." 어떤 유아는 "거울에 이름이 거꾸로 안 됐으면 좋겠다."라고 말했다. 유아들이 우연히 발견한 이 거울의 좌우 반전 현상을 이어 주기 위해 "너희들이 거울의 비밀을 발견했구나. 우리 산책 나갔다 와서는 거울놀이를 해 봐야겠구나." 아이들은 계속 이것저것을 거울에 비추어 보다가 산책이라는 말에 아이들 모두 밖으로 나갔다. 산책활동을 가던 중에도 아이들은 거울에 관해 이야기하기도 했다. 그러고는 바깥에 나가자 텃밭에 자란 토마토, 오이, 가지 등에 물을 주며 주렁주렁 열린 열매로 관심이 돌아갔다. 산책을 다녀와서 나는 유아들에게 방금 보고 온 식물 중 '오이'를 종이에 적어 거울에 비쳐 보면 어떻게 될지 예측해 보게 했다. 유아들에게 종이에 자기가 예측한 글씨를 써 보게 하였다. 유아들은 자신의 생각과 다른 글씨를 비교해 가면서 다시 다른 글씨도 써 보고 예측해 보았다. 나는 글자가 여러 개보다는 한 개로 관찰하는 게 좋을 것 같아서 자기 성을 한번 써 보고 거울에 보이는 것을 예측해 보게 하였다. '이' 씨 성을 가진 우성이는 '10'이라고 쓴 다음 거울로 뛰어가 "아싸!"라며 신나했다. 유아들은 글자를 써 보고 퀴즈를 하듯 재미있어했다. 아이들이 놀고 있는 동안 나는 컴퓨터에 있는 과일 그림과 사진을 출력해서 반으로 잘라 작은 안전거울로 비쳐볼 수 있게 해 주었다. 쳐다만 보고 있던 유아가 사과 반쪽 그림 위에 안전거울을 올려 거울에 비친 그림과 함께 전체로 보이는 사과 그림을 대어 보았다. 유아들은 안전거울을 들고 책꽂이의 그림책, 놀잇감, 사물함 이름표 등 다양한 사물, 글자들을 안전거울에 비춰 거울에 비친 그림, 글자를 살펴보고 교실 이곳저곳을 탐색하였다.	– 유아들이 글씨나 그림을 비쳐 볼 수 있도록 네모난 작은 거울을 제공함 – 글씨가 어려울 것 같아서 안전거울과 반쪽 그림 자료를 제공하였음 – 유아들과 간단한 이야기 나누기를 하며, 거울에 비춰 보고 싶은 글씨를 비춰 보고 따라 쓰게 해 보는 것도 재미있을 것 같아 간단히 자기 성을 예측해 보게 함 – 거울 앞에 책상을 놓아 유아들이 글씨를 써 보게 하고, 그 옆에는 화이트보드를 두어 쉽게 고쳐 볼 수 있도록 제공해 주면 좋을 것 같음 – 거울놀이 신체 게임으로 확장할 수 있을 것 같음

(2) 실험활동

과학은 유아의 생활과 밀접한 것으로 매일의 삶 속에서 경험되는 많은 자연과 사물의 현상을 포함한다. 교사는 개념과 과정이 포함된 과학활동을 실시함으로써 기초적인 과학 개념을 얻을 수 있도록 돕는다.

과학적으로 풍부한 환경 속에서 유아가 호기심을 가지고 주도적으로 과학활동에 참여하면서 개념을 습득하고 과학적인 태도를 형성하도록 운영하고 있다. 즉, 과학활동을 통해 유아가 주변의 사물이나 변화에 대해 관심을 확장시키고 다양한 방법으로 문제를 해결하며 논리적 · 창의적인 사고를 함으로써 급변하는 미래 사회에 대처할 수 있는 능력을 기르도록 한다. 이에 진행되는 주제에 따라 과학영역을 변화있게 준비하고, 관찰, 실험, 요리활동을 개별 또는 소집단으로 운영하여 유아들이 직접 경험을 통해 과학적 개념을 습득할 수 있도록 돕는다.

실험활동을 통해 유아의 과학적 탐구를 돕기 위하여 고려할 점들을 살펴보면 다음과 같다.

① 유아들은 호기심을 만족시키기 위하여 여러 가지 방법으로 실험을 한다.
② 유아 스스로 어떤 상황에 대해 예측(가설 설정)하고, 예측한 것을 검증하는 실험을 통해 호기심을 충족시킬 수 있다.
③ 유아가 의문을 갖고 있는 문제를 해결할 수 있는 실험을 선택하고, 예측(가설)을 검증할 수 있는 탐색을 고안한다.
④ 실험을 계획할 때 유아가 스스로 계획과정에 적극적으로 참여하게 한다.
⑤ 실험을 통하여 유아의 사고능력이 발달하도록 유아에게 질문을 하고 예측과 실험 결과를 비교하고 이해하도록 한다.
⑥ 유아 스스로 소집단 형식으로 탐구, 조사, 실험하도록 한다.
⑦ 실험과정은 가능한 한 간단하게 하여 유아들이 인과관계를 이해하도록 한다.
⑧ 탐구, 조사, 실험과정에서 교사는 적절한 피드백을 준다.
⑨ 실험과정 및 관찰 결과에 대한 기록이 이루어지도록 한다.

표 13-3 실험활동 계획안의 예

빛이 만든 모양	
놀이실행 평가	요즘 우리 반 유아들은 바깥에서 그림자밟기 놀이를 하며 노는 데 빠져 있다. 이러한 그림자에 대한 관심을 교실에서도 이어 주면 어떨까 싶어 자료실에 있는 OHP를 내어 주면 재미있을 것 같다. 내일은 OHP를 흰 벽이 있는 곳에 두어야겠다. 우리 아이들이 또 어떤 재미난 놀이를 하게 될지 벌써 기대가 된다.
목표	빛의 성질에 관심을 갖는다. 물질에 따라 빛이 다르게 투과됨을 안다.
활동자료	OHP기계, 다양한 물건(레이스천, 동전, 페트병, 실, 장난감, 모양종이, 아세테이트지 등), 투명한 통, 마블링 물감, 물
활동방법	1) OHP기계를 흰 벽 가까이에 두고 여러 가지 투사할 수 있는 물건을 준비해 주어 유아들이 관심과 흥미를 가지고 놀이할 수 있도록 지원한다. – 유아들이 관심을 보이면 여기 준비된 물건뿐 아니라 다양한 물건들을 놓아 볼 수 있음을 이야기해 준다. – 유아들은 흥미에 따라 다양한 물건을 추가하거나 다양한 모양을 만들어 그림자를 비추어 본다. – 물건을 보여 주지 않은 채 어떤 물건의 그림자인지 맞추어 보는 게임 등을 할 수 있다.  2) 투명 통을 OHP에 올려놓고 물을 붓는다. – 이 통을 OHP 위에 올려놓으면 어떻게 될 것 같니? – 무엇이 보이니? – 만약 이 안에 물을 넣는다면 어떻게 될까? – 왜 물은 보이지 않을까? 3) 통 안의 물에 모양종이를 놓고 탐색한다. – 이 통 안에 모양종이를 넣으면 어떻게 될까? – 어떻게 되었니? – 물은 아무것도 없는 것 같이 보이는데, 왜 동그라미 모양은 까맣게 보일까? – 물을 보이게 하는 방법은 없을까?

활동방법	4) 모양종이를 꺼낸 후 투명한 통에 마블링 물감을 넣고 탐색한다. – 이 물감을 본 적이 있니? – 그래, 지난번에 너희들이랑 물 위에 둥둥 뜨는 물감을 본 적이 있지. 바로 그 물감을 한번 넣어 보려고 하는데 어떻게 될까? – 물감을 넣으니 어떻게 되었니? – 어떤 색깔이 보이니? 어떤 모양이 생겼니? 5) 통 안에 모양종이를 넣고, 마블링 물감을 떨어뜨리며 빛의 투과에 따라 달라지는 색과 모양을 관찰한다. – 모양종이 위에 물감을 떨어뜨려 보자. 어떻게 될까? – 모양종이에 떨어뜨린 물감은 어떻게 되었니? – 종이 위에 떨어뜨린 물감은 왜 보이지 않을까? 6) 실험 후 알게 된 것과 느낌에 대해 이야기 나눈다. – 실험을 해 보니 빛을 통과한 것들은 무엇이 있었니? – 빛을 통과하지 못한 것은 어떤 것이 있었니? – 오늘 실험을 하면서 어떤 생각이 들었니? – 빛이 통과할지 못할지 알아보고 싶은 다른 물건이 있니? – 너희들이 궁금한 것들을 실험해 볼 수 있도록 OHP기계와 함께 과학영역에 준비해 놓을게.
활동의 유의점	1) OHP기계 위에 아세테이트지를 미리 씌워 둔다. 2) 투명한 통은 OHP기계 위에 올릴 수 있는 크기로 준비한다. 3) 투명한 통의 높이는 20cm 이내가 적합하며, 담는 물의 높이는 10cm 이내로 한다. 4) 모양종이는 다양한 형태로 코팅하여 사용한다. 5) 유아의 흥미와 관심에 따라 실험활동을 더 첨가할 수 있으며 위 내용을 변화하거나 생략하는 등 융통성 있게 실험을 실행한다.

출처: 교육과학기술부(2013). 4세 누리과정 교사용 지도서 ⑩: 환경과 생활, 재구성.

다음은 놀이하다가 다양한 실험을 해 보고, 이후 게임활동으로 이어지는 활동 사례이다.

표 13-4 미술놀이-실험-게임으로 이어지는 과학활동 사례

<table>
<tr><td>놀이 실행</td><td>유아들이 미술영역에서 빨대로 물감을 불며 미술활동을 하고 있다. 몇몇의 유아들은 빨대를 입에 물고 바람을 불며 빨대의 끝 쪽에 손을 대기도 하고, 종이에 대고 불며 빨대로 불어낸 바람을 탐색하고 있었다. 교사는 유아들의 탐색활동을 지켜본다.

교 사 선생님 손에도 한번 해 줘 봐.
유아 1 손 대 보세요. 바람이 따뜻해요.
교 사 정말 빨대에서 따뜻한 바람이 느껴지네.
유아 2 저 좀 보세요. 봐요. 종이가 움직여요.
교 사 와! 빨대를 불어서 종이를 움직였네. 선생님도 한번 무얼 움직여 봐야겠다.

교사의 탐색에 유아들은 교실의 놀잇감, 뽕뽕이, 인형, 천장에 매달린 것들을 찾아 빨대로 불기 시작한다. 음식모형, 앞치마, 종이, 스카프, 판게임 말, 까슬이가 붙어 있는 코팅자료, 손인형 등을 빨대로 불어 보았다.

유아 3 (미술 영역 장에서 커다란 빨대를 찾아보며) 이것 봐. 나는 커다란 빨대를 찾았어. 되게 바람 세. 왕바람이야.

유아들은 한참을 교실을 누비며 빨대로 이것저것을 불어 보았다. 나는 유아들이 빨대불기를 하다가 던지고 간 빨대를 다른 유아가 가지고 불려는 것을 보고 새로운 빨대를 주었다. 그리고 유아들의 안전을 위해 사용한 빨대는 모아 두도록 이야기하였다.

교 사 너희들 빨대로 교실 여기저기 돌아다니면서 불어서 움직이는 것들을 찾아보는구나. 부는 놀이를 하다가 혹시 그만하고 싶으면 한 번 사용한 빨대는 여기 통에 넣어서 모아 두자. 다른 친구들이 불어서 사용하지 않을 수 있도록. 그리고 빨대로 부는 놀이를 하고 싶은 친구들은 새로운 빨대를 사용하도록 하자.

한참 탐색을 하고 다니던 유아 중 한 명이 바닥에 엎드린 채 빨대로 뽕뽕이 공을 불었다. 그 옆에 있던 유아도 같이 엎드려 뽕뽕이 공을 불었다.

유아 4 아주 멀리까지 가지?
유아 5 나도지? 우리 시합할까?

유아들은 다시 뽕뽕이 공 멀리 보내기 시합을 하기 시작했다. 아이들끼리 출발선을 전기테이프로 만들어도 되겠느냐고 교사에게 묻고 불기 시합을 했다. 다시 아이들이 많이 모여들어 한참 놀이를 했다.</td></tr>
<tr><td>평가 및 계획</td><td>빨대 불기 시합을 보면서 어렸을 때 과자 봉지 안에 들어 있던 놀잇감인 불기 놀이가 생각났다. 아마 이 놀이가 꽤 이어질 것 같다. 유아들이 불기 시합을 하면서 다양한 과학적 원리를 생각해 볼 수 있었으면 좋겠다. 유아들의 불기 놀이를 활성화할 수 있도록 지켜보고 적절한 지원을 해야겠다.</td></tr>
</table>

(3) 실외활동 및 외부활동

영유아에게 있어서 세상은 호기심에 가득 찬 곳으로 실내·외를 막론하고 어디나 과학활동이 일어날 수 있다. 특히 실내에서 지내는 시간이 많은 유아교육기관의 영유아들에게 산책, 소풍, 견학 등의 활동은 교실 밖으로 과학의 경험을 확장시켜 나가는 매우 의의 있는 활동이다. 교사는 영유아들이 안전한 환경 내에서 충분히 탐색하고 관찰할 수 있는 기회를 주도록 해야 한다.

실외놀이터 활동에서도 다양한 놀이기구는 과학적 원리를 이용한 체험활동 기구이기도 한다. 미끄럼틀, 시소, 그네 등도 모두 과학적 원리를 이용한 재미있는 놀이터이며, 다양한 바닥이나 햇빛이 드는 곳과 그늘 모두가 과학적 탐구가 일어날 수 있는 곳이기에 교사의 과학에 대한 시각이 무엇보다 중요하다. 또한 다양한 사물을 두드려 보면서 소리를 듣고 비교해 보기도 하고 다양한 바닥에 물을 뿌려 보기도 하면서 교실 내에서 실시하기 어려운 여러 가지 활동들을 과학활동으로 연결시켜 진행할 수 있다. 무엇보다 교사가 스스로 놀이터의 모든 활동에 숨어 있는 과학을 볼 수 있는 눈이 있다면 유아를 더 넓은 과학의 세계로 이끌어 줄 수 있을 것이다.

식물재배 영역을 마련해 준다면 매우 좋은 관찰 공간으로 활용된다. 직접 씨를 뿌리고 물을 주어 식물의 생장을 관찰하면서 식물의 생장과정을 알 수 있고 식물을 기르는 즐거움과 자신감도 얻게 된다. 작은 텃밭을 만들어 지속적인 텃밭활동을 통한 식물 기르기 경험을 계획해 볼 수 있다. 또한 기관의 주변에 심어진 다양한 화초나 나무들도 좋은 과학 자료이다. 교사는 유아가 계절에 따른 화초와 나무들의 변화 등을 관찰하도록 하고 지속적으로 작은 변화나 모양 등에 관심을 가질 수 있도록 돕는다.

유아들은 놀이터를 자유롭게 탐색하고 자주 유아교육기관의 주변을 둘러보고, 산책하면서 창의적으로 성장할 수 있을 것이다. 교사가 연중 외부에서 이루어질 수 있는 다양한 과학활동을

생각해 두면 유아들의 흥미와 관심이 발견되었을 때 지원을 할 수 있어 유아들의 과학의 영역과 시각을 넓혀 줄 수 있을 것이다.

3. 유아 과학활동 평가

유아 과학활동의 평가는 유아 과학활동을 계획하고 운영해 봄으로써 유아들이 궁극적으로 과학적 사고를 키우고 탐구능력을 배양할 수 있었는가를 평가해 보는 것이다. 이를 위해 과학활동 자체에 대한 평가와 활동 후 달라진 유아에 대한 평가 두 가지 측면을 평가할 수 있다. 이러한 평가를 통해 과학교육을 통해 습득한 과학적 태도와 탐구능력이 궁극적으로 유아들의 삶에 긍정적인 영향을 미칠 수 있도록 나아가고 있는지 그 방향을 점검해 볼 수 있다.

1) 활동 평가

(1) 과학활동 실행에 대한 반성적 사고를 통한 평가

유아 과학활동에 대한 평가 역시 영아의 경우와 마찬가지로 교사들의 반성적 사고를 통한 교사의 자기평가를 통해 이루어질 수 있다. 교사의 일지를 통해 실시된 활동을 중심으로 이루어진 실행평가는 실질적으로 유용하며 교사의 성장과 더불어 유아의 성장을 가져오는 중요한 자원이 된다. (앞의 여러 가지 활동 사례에서도 교사가 놀이를 실행하고 평가를 하는 부분들이 제시되었다.) 또한 과학활동을 실시하며 작성한 교사의 과학 저널을 통하여 심층적인 자기평가 및 반성적 사고가 이루어질 수 있다. 과학에 대한 두려움과 어려움을 겪는 유아교사들이 과학저널을 통한 자기장학 또는 학습공동체 등을 이루어 평가해 봄으로써 과학에 대한 자신감과 유능감을 가질 수 있다.

표 13-5 교사의 반성적 저널을 통한 실행평가

교사의 과학활동 실행평가	유아들이 할로우 블록의 삼각 블록 등을 이용하여 경사로를 구성하고, 그 위에 자동차를 굴리며 놀이하고 있었다. (경사도의 각도, 재질에 따라 자동차의 빠르기가 달라진다는 것을 경험해 볼 수 있도록 나무판, 골판지, 시트지를 붙인 종이 등을 제공하였다.) 처음에는 종이의 재질보다는 긴 나무판을 흥미로워하며 유니트 블록, 할로우 블록으로 아래에 대고 나무판을 연결하여 경사로를 만들기 시작했다. 처음에는 완만한 형태로 구성하여 자동차를 굴리다가 높이를 높게 하면서 경사로가 가파르게 구성되었고, 경사로를 완만하게 구성했을 때보다 경사로를 가파르게 구성했을 때 자동차가 더 빠르게 내려간다는 것을 발견하였다. 몇몇의 유아들은 골판지, 시트지를 붙인 종이를 나무판에 덧대어 경사로를 구성하였다. 손으로 만졌을 때 미끌미끌한 시트지를 붙인 종이에서 자동차가 더 빠르게 내려갈 것으로 예상하였고, 골판지에서보다는 시트지를 붙인 종이에서 자동차가 더 빠르게 내려간다는 것을 발견하였다. 나무판으로 만든 경사로와 시트지를 붙인 종이를 덧댄 경사로 중 어떤 곳에서 자동차가 더 빨리 내려갈지에 대해 유아들의 예측이 반반으로 나뉘었으나, 나무판으로 구성한 경사로에서 자동차가 더 빠르게 내려간다는 것을 발견하고 있었다. 경사로를 이용한 놀이는 그 이후로도 실내 · 외의 다양한 장면에서 이루어지고 있는 것을 관찰할 수 있었다. 

(2) 누리과정에 근거한 실행 활동 내용 분석

누리과정에 기초하여 과학활동과 관련하여 이루어진 활동의 내용을 분석해 본다. 즉, 일련의 과학활동이 누리과정의 목표에 적절하게 진행되었는지 확인하고 평가해 보는 것이다. 이러한 과정을 통하여 유아들은 과학에 대한 더 많은 관심을 가

지게 되며 더욱 적극적으로 참여하여 즐거움과 만족감을 얻게 될 것이다. 궁극적으로 과학적 소양을 가진 유아로 성장하게 될 것이기 때문이다.

활동 평가는 과학활동의 목표를 달성하기 위해 적절한 계획과 실행이 이루어졌는지를 평가한다.

표 13-6 과학활동 평가에 대한 예

과학활동 과정	평가 내용
활동계획	• 과학활동이 유아의 발달을 고려한 활동인가? • 과학활동이 유아의 관심과 흥미를 고려한 활동인가? • 과학활동이 유아의 일상생활 및 사전 경험과 관련된 내용인가? • 과학활동이 교수-학습 원리에 비추어 사전에 유아들이 알고 있는 것보다 확장될 수 있도록 계획되었나? • 과학활동이 유아의 고른 발달을 위해 유아교육의 다른 영역과 통합적 경험을 할 수 있도록 계획되었나? • 안전과 관련된 내용을 포함하였나? • 활동 방법에 있어서 유아의 흥미를 유발할 수 있는 방법인가? • 유아의 집단 크기는 활동의 내용과 특성 및 상호작용하기에 적절한가? • 교재 교구 및 교수자료가 유아의 관심과 흥미에 적절하게 계획되었나? • 과학활동이 가정과 연계될 수 있도록 계획되었나?
활동실행	• 활동이 유아의 반응에 따라 적절하게 전개되었나? • 도입은 본 수업과 관련된 이전의 학습 내용을 회상하면서 관련지었나? • 도입은 주제와 관련하여 유아가 흥미와 호기심을 가질 수 있도록 동기 유발하였나? • 전개는 목표에 부합된 내용으로 진행되었나? • 교사는 활동을 실행하는 동안 유아의 관심과 흥미를 높일 수 있도록 격려하였나? • 교사는 유아가 활동에 대해 보다 호기심을 가지고 탐구할 수 있도록 격려하였나? • 교사는 유아의 반응에 민감하게 반응하며 활동하였나? • 유아가 다양한 과학 기술을 활용해 볼 수 있도록 격려하였나? • 유아의 과학적 탐구를 돕는 발문을 하였나? • 또래와 상호작용할 수 있는 시간과 기회를 제공하였나? • 교사는 계획된 활동을 진행하면서 발생한 상황에 적절하게 반응하면서 융통성 있게 운영하였나? • 유아가 스스로 활동을 평가해 볼 수 있도록 격려하였나? • 마무리는 목표를 고려하여 종합 정리되었나? • 정리 후 다음 시간에 대해 알려 주었는가?

2) 유아 평가

유아 평가는 과학활동의 목표 달성이 활동을 통해 이루어졌는지를 점검하는 것으로서 누리과정의 교육 내용을 중심으로 평가표를 작성할 수 있으며, 특정 과학활동을 통해 이루고자 하는 구체적인 목표 달성 여부는 관찰표를 작성하여 점검해 볼 수 있다. 〈표 13-7〉은 만 4세 유아의 과학활동의 평가표의 예이다.

표 13-7 만 4세 유아의 과학활동의 평가표

항목	내용	전혀 그렇지 않다	별로 그렇지 않다	보통 이다	대체로 그렇다	매우 그렇다
탐구 과정 즐기기	사물과 현상에 대해 지속적으로 호기심을 가진다.					
	궁금한 것들을 탐색하는 것을 즐긴다.					
	탐구과정에서 발생하는 다른 사람들의 생각에 관심을 가진다.					
생활 속에서 탐구하기	친숙한 물체와 물질을 여러 가지 방법으로 탐색한다.					
	물체를 세어 수량을 알아본다.					
	물체의 위치와 방향을 구별한다.					
	물체의 모양을 알고 구별한다.					
	일상에서 길이나 무게 등의 속성을 비교한다.					
	반복되는 규칙을 찾는다.					
	도구나 기계에 대해 관심을 가진다.					
자연과 더불어 살기	주변 동물에 관심을 가진다.					
	주변 식물에 관심을 가진다.					
	생명체가 살기 좋은 환경에 대해 관심을 갖는다.					
	생명체를 소중히 여기는 마음을 갖는다.					
	날씨와 계절의 변화에 관심을 갖는다.					
종합평가						

CHAPTER 14

통합적 접근

통합적 접근이란 생활과 동떨어진 과학적 사건만을 다루는 의미 없는 과학교육이 아니라, 과학활동이 의미 있는 상황 속에서 여러 영역과 통합적으로 제시되어 전체 맥락에서 학습이 이루어지도록 하는 것을 말한다(이경우 · 장혜순 · 조부경 · 김정준, 1999). 유아는 분리된 내용보다는 통합된 전체 경험을 통하여 배우는 특성을 가지므로 통합적 접근을 통한 과학교육이 효과적이다. 이에 본 장에서는 진행되는 놀이 주제를 중심으로 이루어지는 과학활동의 통합적 접근 방법과 자연 · 생태, 문학, 요리, 미술 등 다양한 활동을 통해 이루어지는 통합적 과학활동들을 소개하여 실제 현장에서 효율적으로 과학을 경험할 수 있는 방법을 제시하고자 한다.

1. 주제 중심의 통합적 접근을 통한 과학교육

1) 주제 중심 통합적 접근을 통한 과학교육의 의의

과학활동에 있어서 주제중심의 통합적 접근이란 바로 영유아의 발달과 흥미에 기초하여 유아들이 자주 접하는 친근한 주제들 안에서 이러한 내용과 관련지어 과학을 경험하는 것을 의미한다. 영유아들은 진행되는 주제를 중심으로 이루어진 과학활동을 다양한 영역에서 경험함으로써 주제에 대해 깊이 이해하게 된다. 따라서 교사는 주제 전개에 대해 충분한 브레인스토밍을 한 후 영유아들의 발달에 적절하며

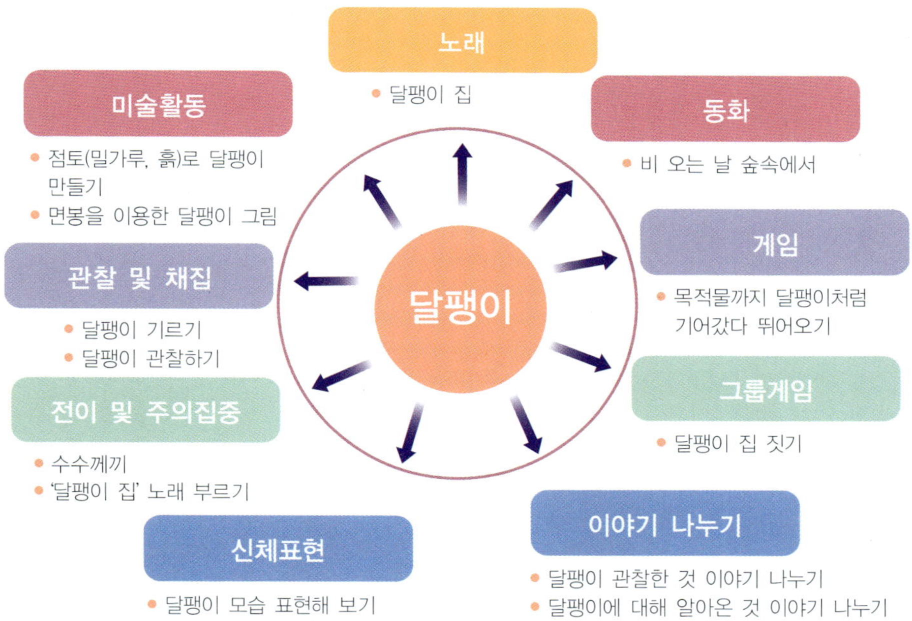

그림 14-1 '동물' 주제 중심의 통합적 과학활동 접근의 예

이 시기에 경험했으면 좋을 과학활동이 자연탐구활동에서는 물론 신체운동건강, 의사소통, 사회관계, 예술경험 영역에서 고루 일어날 수 있도록 민감하게 준비하고 지원해 주어야 한다. 따라서 실내·외 자유놀이시간뿐 아니라 대·소집단 활동에서 이루지는 활동 내에서 과학활동이 통합적으로 이루어지도록 운영한다.

예를 들어, 영유아들의 생활에 밀접한 '동물'은 영유아들이 경험해야 하는 내용 중에서도 으뜸이라 할 수 있으며 영유아들이 좋아하는 주제이다. 이때 교사는 영유아의 발달특성과 흥미, 관심을 고려하여 우리 반 영유아들이 관심을 가지는 동물들에 대해 상호작용, 책 읽기, 영상 등 다양한 장면에서 동물에 대해 탐색하고 알아갈 수 있도록 한다. 이러한 과정에서 영유아들은 관심과 흥미에 따라 특정 동물에 관심을 가지고 그 특성에 대해 궁금해하고 여러 가지 놀이를 통해 동물에 대한 많은 것을 알아내게 된다. 이러한 활동을 통해 영유아들은 자연스럽게 생명을 소중하게 여기는 태도를 가지게 될 것이다.

영유아들이 쉽게 접할 수 있는 달팽이를 통해 이러한 교육내용을 전개해 나간다면 달팽이와 관련된 다양한 활동 등을 계획해 봄으로써 주제에 적절한 과학활동들을 경험할 수 있도록 한다. 영유아들은 관찰활동, 이야기 나누기뿐 아니라 노래, 동화, 게임, 미술, 신체표현 등의 다양한 활동을 경험함으로써 달팽이에 대한 지식과 더불어 과학적 개념과 과정을 자연스럽게 습득하고 강화할 수 있다. 이러한 활동은 교사가 영유아가 경험해야 하는 여러 가지 활동을 미리 생각해 두어, 발달이나 흥미에 따라 영유아가 주도적으로 놀이활동을 진행해 나갈 때, 놀이의 진행을 따라가면서 민감하게 준비해 주거나 지원해 줄 수 있는 것이다. 영유아 과학활동은 생활과 동떨어진 과학적 지식과 관련된 실험이나 설명이 아니라 영유아들이 생활하는 가운데 찾아볼 수 있는 다양한 자연현상과 과학적 세계와의 만남을 통해 이루어져야 한다.

영유아기에 이루어질 수 있는 과학활동을 몇 가지 주제를 중심으로 제시해 보면 〈표 14-1〉과 같다.

표 14-1 주제별 과학활동의 예

주제	활동 내용	주제	활동 내용
나	• 손바닥, 발바닥, 입술 찍어 관찰하기 • 나 그리기 • 첫 이 빠진 날 • 몸무게, 키 재기, 날짜 써넣기 • 내가 좋아하는 음식 • 나의 엄마, 아빠 • 거울 놀이 • 오감각 놀이 • 건강, 위생, 병원 놀이	식물	• 식물 관찰 • 식물 성장 패턴 만들기, 식물책 만들기 • 씨앗사냥, 관찰, 싹틔우기, 씨앗 심기 • 낙엽 관찰 • 씨앗/씨앗음식 • 뿌리 기르기, 콩나물 기르기 • 식물 물들이기
가족	• 엄마, 아빠, 내가 사용하는 물건 • 아기는 어떻게 태어날까? • 가족 도표 만들기 • 같은 물질 분류하기(가죽, 금속, 플라스틱, 나무 유리 등)	지구와 우주	• 조개껍데기 • 솔방울 • 돌멩이, 흙 • 기후(비, 눈, 바람, 안개, 구름 등) • 달, 별 관찰하기 • 우주의 모습에 관심 가지기
동물	• 물고기 기르기 • 개구리, 나비의 한살이 • 달팽이, 누에, 곤충 기르기(개미, 장수풍뎅이, 나비 등) • 가축 • 동물의 집 • 동물원, 수족관 견학 • 지렁이 • 동물 움직임, 흉내 내기	촉감	• 실내 물체의 촉감(질감이 뚜렷한 물건) • 감각 산책 • 촉감자료 찾기 – 부드럽다, 거칠다, 딱딱하다, 매끄럽다 등 느낌의 물건 찾기 • 헝겊 콜라주 • 촉감 상자 게임 • 비밀주머니
냄새	• 냄새 맡기(과일, 마늘, 레몬, 커피, 후추, 고춧가루, 향료, 향수 등) – 알아맞히기, 냄새 표현하기, 그림으로 그리기 • 냄새 찾기	소리	• 소리 묘사하기, 듣고 알아맞히기, 세어 보기, 위치 알아내기 • 자연의 소리 • 주변의 소리 • 몸으로 내는 소리 • 악기 소리 • 소리 녹음하기 • 악기 만들기(곡물 마라카스, 레인스틱, 천둥소리 등)

주제	활동 내용	주제	활동 내용
공기	• 숨쉬기 • 공기 모으기 • 풍선 놀이 • 낙하산 • 바람개비 • 빨래 말리기	빛과 그림자	• 어두운 책상 밑 • 그림자 게임 • 그림자 인형극 • 그림자 재기, 그리기 • 거울 반사 • 책 뚫고 보기
물	• 물의 무게 느끼기, 젖은 물건, 마른 물건 • 무게 재기 • 물에 뜨는 물건과 가라앉는 물건 • 물에 젖는 물건과 젖지 않는 물건 • 설탕, 소금 녹이기 • 물 그림 그리기 • 얼음 • 물의 흐름 • 빨래 말리기	도구와 기계	• 바퀴/경사로 • 미디어, 미디어의 올바른 사용 • 도르래/롤러 • 생활을 편리하게 해 주는 도구 • 생활도구, 조리도구, 청소도구, 공구 • 주변에서 볼 수 있는 도구(병원, 가게, 기관 등) • 생활 속에서 볼 수 있는 기계 • 주변에서 볼 수 있는 기계 • 에너지 절약 • 로봇
자석	• 여러 가지 자석 • 자석의 힘 알기 • 자석 낚시 • 자석 달린 자동차 • 자석으로 움직이기 – 종이 밑, 물속의 클립, 쇳가루 • 모래 속의 클립 찾기	환경 오염	• 쓰레기 처리장 관찰 • 하천 관찰 • 오염 사진 수집 • 오염에 관련된 동화 및 동극 • 대기 오염 • 소음 공해(즐거운 소리 & 시끄러운 소리) • 분리수거 • 빗물, 수돗물 정수기 물의 비교

표 14-2 유아 과학활동의 실제

유아들이 미술영역에서 프로펠러 만들기 순서도를 보며 프로펠러를 만들고 있다. 나는 어떤 프로펠러가 잘 날지 예측해 보고 날려 볼 수 있도록 다양한 종이(색도화지, 잡지, 흰 도화지, 색상지, 한지 등)를 제공하였다. 나는 혼자 순서도를 보며 접기 어려운 유아들을 도와주면서 유아들의 미술활동을 지켜보았다.

교사 ○○는 여러 개 프로펠러를 접었네. 파란색, 노란색 색상지도 있고, 하늘색 얇은 한지도 있네. 어떤 프로펠러가 잘 날지 궁금하다.
유아 다 만들어서 프로펠러를 날려 볼 거예요.

유아들은 각자 자기가 만든 프로펠러를 던져 날렸다. 다양한 재질로 만든 프로펠러를 각각 날려 보기도 하고, 동시에 날리기도 하였다. 잡지, 색도화지로 만든 프로펠러가 잘 돌며 내려오는 것을 발견하자 색도화지, 잡지를 이용하여 프로펠러를 만드는 아이들이 더 많았다. 한 유아가 의자에 올라가서 프로펠러를 날리자 더 많이 돌면서 내려오는 것을 발견하고, 유아들이 벽돌 블록, 할로우 블록을 쌓아 높은 공간을 만들어 높은 곳에서 날리면서 유아들에게 "야~! 이렇게 하니까 완전 멋져."라고 했다.

2) 교사의 역할

교사는 유아들이 놀이를 하면서 여러 가지 과학 원리를 스스로 깨달아 가는 것을 관찰하고 유아들이 발견하는 과학적 원리나 현상을 언어적, 비언어적 상호작용을 통해 격려하고 지지한다. 교사는 다양한 영역에서 놀이가 일어날 수 있도록 준비해 주어 자연스럽게 탐구적 경험이 일어날 수 있도록 돕는다. 즉, 유아가 놀이를 하면서 스스로 자발적 탐색과 발견을 통해 인지적 갈등을 유발할 수 있도록 하는 것이다.

인지적 갈등이란 유아들이 직접 놀이해 보다가 "어? 이상하다. 이게 왜 이러지?", "이렇게 하면 어떻게 되지?" 등의 의문을 가지도록 하는 것이다. 사례에서처럼 프로펠러를 만드는 미술활동을 준비해 보면서 단순히 한 가지 종이로 프로펠러를 만드는 작업에 중심을 두기보다는 프로펠러를 만드는 종이를 다양하고 충분하게 제공해 준다. 그래서 자연스럽게 종이의 두께와 재질을 경험하고 각각의 종이를 가지고 만든 프로펠러가 크기와 재질에 따라 다르게 날 수 있음을 유아가 놀이를 통해 알 수 있도록 지원하는 것이다. 이때 교사는 유아의 놀이를 지도하기보다는 유아의 놀이를 따라가면서 유아들이 스스로 알아갈 수 있도록 해야 한다. 한편 유아들이 놀이를 통해 어떤 지식을 발견하기 위해 도움이 필요하다면 같이 생각해 보고 이야기 나누기나 실험활동으로 확장하여 놀이를 해 볼 수 있다. 한편 더 많은 경험을 해 볼 수 있도록 "높은 곳에서 날리니 더 잘 날아가는 것을 발견했네.", "또 어떻게 날려 볼 수 있을까?", "바깥놀이 나갈 때 가져가서 날려 보면 어떨까?" 등의 상호작용을 할 수 있을 것이다.

2. 자연 · 생태 활동을 통한 과학교육

1) 자연 · 생태 활동을 통한 과학교육의 의의

영유아는 본능적으로 자연을 좋아한다. 그러나 자연 속에서 갖가지 놀이를 하며 자라던 예전과는 달리 점점 아이들이 놀 수 있는 공간이 줄어들고 있으며, 아이들의 놀이가 점점 학습을 위한 도구로 전락해 가고 있다. 영유아들은 자신이 만나는 자연과 형식적으로 또는 비형식적으로 관계를 맺으면서 자연을 이해하게 되고, 자연을 놀이 상대로 경험함으로써 창의적으로 성장할 수 있다. 요즈음 생태, 텃밭, 숲 활동 등이 유행처럼 번져 나가고 있다. 이는 아이들을 자연과 더 가까이 두려는 의식 있는 교육전문가들의 노력으로 긍정적인 현상이라 할 수 있다. 그러나 그 이면에 무늬만 자연이거나 자연을 가장한 학습이 되지 않도록 주의를 기울여야 할 것이다. 유아들은 본능에 가깝게 자연을 좋아하고 놀이를 통해서 자연의 법칙을 알아간다. 따라서 교사들이 스스로 자연에 대한 관심을 가지고 자연 속에서 함께 놀이할 때 진정한 친자연적 과학교육이 이루어질 수 있다.

영유아가 어린 시기부터 자연을 체험하고 인식하는 것은 물론 이 시기에 획득한 자연에 대한 태도와 지식은 이후의 사고에도 영향을 주며, 자연과 더불어 살아가는 태도와 심성을 기를 수 있게 되므로 매우 중요하다(조형숙, 2014). 따라서 영유아들이 자연과 함께할 기회를 많이 제공함으로써 자연을 좋아하고 그 소중함을 느끼도록 해야 한다. 자연 · 생태 활동을 통한 접근은 일상생활, 자유선택활동, 대 · 소집단 활동 그 어떤 시간에도 일어날 수 있다. 유아교육기관에서 영유아들을 위한 자연 · 생태 활동은 동식물 기르기, 텃밭 가꾸기, 산책활동 등 다양한 활동을 들 수 있다.

(1) 동식물 기르기

영유아들이 동식물을 기르게 되면 자연스럽게 자연과 함께 살아가면서 의미 있는 관계를 형성할 수 있게 된다. 이는 동식물의 생명체를 이해할 뿐 아니라 정서적 유대감을 이룰 수 있어 매우 효과적이다. 교사의 주의 깊은 교육계획을 통해 유아의 관심과 흥미를 지속시켜서 동식물 기르기를 통한 중요한 가치를 획득할 수 있도록 한다. 동식물 기르기의 가치를 살펴보면 다음과 같다(조형숙 외, 2014).

- 유아와 자연 간의 의미 있는 관계를 형성할 수 있게 된다.
- 동식물을 돌보면서 책임감과 생명존중 의식을 기를 수 있다.
- 주의 깊게 살펴보는 경험을 기르게 된다.
- 동식물을 돌보는 방법을 탐구하여 동식물에 대한 지식을 넓혀 갈 수 있다.
- 동식물의 생태를 탐구함으로써 유아의 탐구능력을 기를 수 있다.
- 유아는 동식물을 기르며 호기심과 궁금증으로 다양한 질문을 제기하게 되어 유아 주도의 학습경험의 기회를 가지게 된다.

동식물 기르기 계획	관찰활동	탐구활동	연관활동
• 유아의 관심과 흥미를 고려한 동식물 선정 • 유아의 안전과 건강 고려 • 기를 수 있는 가능성 확인 • 동식물 기르는 활동을 통합교육활동이 되도록 계획하기	• 관찰하기, 격려하기 • 몸으로 표현하기 • 그래프나 도표 등으로 나타내기 • 사진, 녹음하기 • 측정하기 • 이야기 나누기, 토의하기	• 유아들이 궁금한 것들 목록 작성하기 • 토의하기 • 조사하기 • 실험하기 • 관찰하기 • 가정 및 지역사회와 연계하기	• 몸으로 표현하기 • 미술표상활동 • 음률활동

그림 14-2 동식물 기르기 활동

예비교사들의 신나는 과학 놀이

〈콩나물 기르기〉

출처: 예비교사의 과학저널 중.

예비교사들의 신나는 과학 놀이

〈강낭콩 기르기〉

느낀 점

저는 동물을 키워본 적은 있지만 식물을 키워본 적은 없었습니다. 이렇게 4주 동안 식물을 키워보게 되어서 좋은 경험을 한 것 같습니다. 나중에 아이들과 같이 식물도 길러보고 식물이 잘 자라게 하는 방법들도 많이 알아보고 알려주어야겠다고 생각했습니다. 저는 늦게 관찰을 시작해서…조금 더 빨리 키웠다면 열매도 볼 수 있었을텐데 아쉬운 생각이 들었습니다. 그래도 계속 물도 잘 주면서 계속 잘 자라도록 해야겠습니다. 식물을 키울 때 씨앗이 튼튼해야 하는 것, 물을 날마다 잘 주는것, 식물의 특성을 잘 파악해서 햇빛을 잘 조절하는 것이 중요하다는 것을 알게 되었습니다.

출처: 예비교사의 과학저널 중.

예비교사들의 신나는 과학 놀이

〈동물 관찰 저널〉

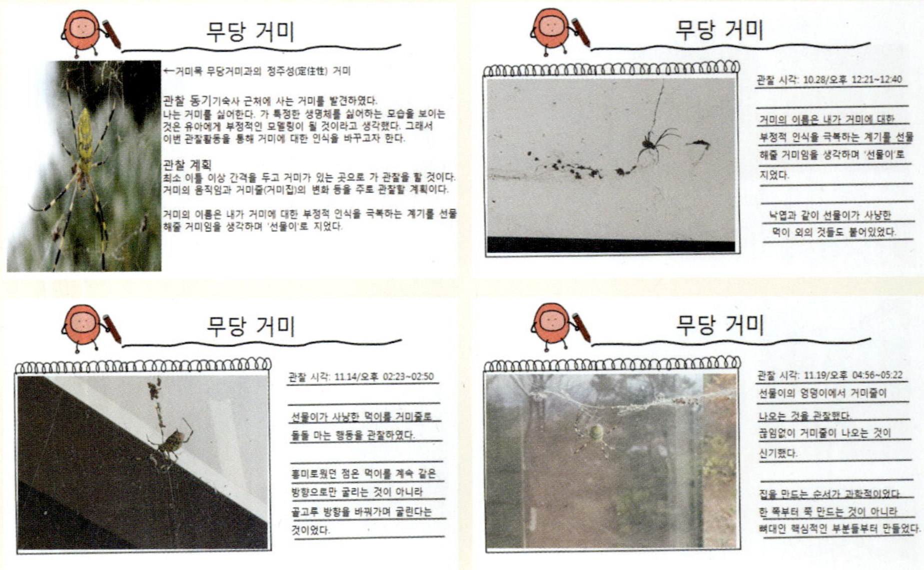

무당 거미

←거미목 무당거미과의 정주성(定住性) 거미

관찰 동기기숙사 근처에 사는 거미를 발견하였다.
나는 거미를 싫어한다. 가 특정한 생명체를 싫어하는 모습을 보이는 것은 유아에게 부정적인 모델링이 될 것이라고 생각했다. 그래서 이번 관찰활동을 통해 거미에 대한 인식을 바꾸고자 한다.

관찰 계획
최소 이틀 이상 간격을 두고 거미가 있는 곳으로 가 관찰을 할 것이다.
거미의 움직임과 거미줄(거미집)의 변화 등을 주로 관찰할 계획이다.

거미의 이름은 내가 거미에 대한 부정적 인식을 극복하는 계기를 선물해줄 거미임을 생각하며 '선물이'로 지었다.

무당 거미

관찰 시각: 10.28/오후 12:21~12:40

거미의 이름은 내가 거미에 대한 부정적 인식을 극복하는 계기를 선물해줄 거미임을 생각하며 '선물이'로 지었다.

낙엽과 같이 선물이가 사냥한 먹이 외의 것들도 붙어있었다.

무당 거미

관찰 시각: 11.14/오후 02:23~02:50

선물이가 사냥한 먹이를 거미줄로 돌돌 마는 행동을 관찰하였다.

흥미로웠던 점은 먹이를 계속 같은 방향으로만 굴리는 것이 아니라 골고루 방향을 바꿔가며 굴린다는 것이었다.

무당 거미

관찰 시각: 11.19/오후 04:56~05:22

선물이의 엉덩이에서 거미줄이 나오는 것을 관찰했다.
끊임없이 거미줄이 나오는 것이 신기했다.

집을 만드는 순서가 과학적이었다.
한 쪽부터 쭉 만드는 것이 아니라 뼈대인 핵심적인 부분들부터 만들었다.

출처: 예비교사의 과학저널 중.

(2) 텃밭 가꾸기

영유아들이 매일 관찰할 수 있는 텃밭을 구성하여 연중 텃밭활동을 통해 직접적인 체험을 할 수 있도록 한다면 영유아들은 자연스럽게 텃밭을 통해 자연을 알아가게 될 것이다. 즉, 텃밭을 가꾸고 재배하는 활동을 통해 날씨, 계절의 변화, 식물의 생장, 수확의 기쁨, 자연에 대한 책임, 흙의 생명력 등 많은 것을 배울 수 있다(김미정 · 임재택, 1997). 공간이 넓지 않은 경우라면 건물 옥상이나 다른 공간에 나무상자나 텃밭용 화분, 스티로폼 용기 등을 사용하여 텃밭활동을 할 수 있다. 텃밭활동은

영유아들이 계속 관심을 가질 수 있도록 연간계획을 통하여 지속적으로 이루어질 때 더욱 효과적이다.

또한 처음 텃밭활동을 시작할 때는 기르기 쉬운 것부터 선택하여 기르고, 수확 후 직접 활용하여 더욱 의미를 가질 수 있도록 한다. 특히 텃밭 가꾸기는 특정 시기에 계획된 활동으로 이루어지기보다는 일상적인 일로 이루어져야 한다. 즉, 계절에 따라 알맞은 씨앗을 심고 수시로 들여다보며 관찰하고, 잡초를 뽑아 주기도 하면서 가꾸고, 작물을 거둔다. 연간 텃밭활동을 통해 제철 채소를 먹을 수 있고, 계절의 변화와 자연의 신비를 체험할 수 있게 된다.

① 사전 준비

텃밭활동을 위해 먼저 교사는 정성껏 사랑으로 작물을 키울 마음의 준비를 가지고 텃밭 가꾸기가 영유아들에게 유익함을 준다는 확신을 가져야 한다(김경미 · 김현주 · 송연숙, 2015). 그러한 마음을 가진 교사는 자주 텃밭에 나가 텃밭의 작물들에 애정을 가지고 정성껏 텃밭을 가꾸게 된다. 이러한 정성 어린 마음은 영유아들에게 자연에 대해 긍정적인 생각을 가지게 하므로 매우 중요하다.

준비를 한 후 교사는 텃밭활동에 대한 다양한 정보를 수집하고 연간 이루어질 텃밭 가꾸기의 계획을 세워야 한다. 처음 텃밭활동을 시작하는 경우에는 반드시 작물을 키워 본 경험이 있는 학부모, 자원봉사자, 전문가 등의 협조를 받을 수 있도록 한다. 또한 주기적으로 가정통신문, 강연, 부모모임 등을 통해 텃밭활동에 대한 정보를 알리고, 중요성, 이점 등을 공유해 가정과 기관의 연계가 이루어질 수 있도록 한다.

② 텃밭활동

연간 교육계획에 준하여 각 월별 활동 계획을 구성하고 영유아들에게 적절한 텃밭활동을 실행한다. 텃밭활동은 일회성으로 이루어지는 것이 아니고 지속적으로 관심을 가지고 이루어진다. 연중 지속적으로 이루어지는 텃밭활동은 텃밭과 관련된 여러 가지 이야기, 책, 노래, 동시, 동요, 과학활동, 미술활동 등 다양한 활동과 연계하여 과학활동과 통합적으로 이루어질 때 효과적이다.

〈표 14-3〉은 1년 동안 이루어질 수 있는 연간 텃밭활동의 예시이다. 텃밭을 이용한 작물재배 활동과 적절한 이야기 나누기, 요리, 동시, 노래, 동화, 게임, 미술활동이 통합적으로 계획되고 이루어질 때 유아들은 자신이 직접 체험한 텃밭활동과 함께 의미 있는 연결이 될 수 있을 것이다. 따라서 함께 할 수 있는 연관 활동을 제시하였다. 교사는 맡은 반에 적절한 작물 재배활동과 연관활동을 선택하여 1년간의 텃밭활동을 계획하여 의미 있는 활동이 되도록 한다.

표 14-3 연간 텃밭활동 프로그램의 예

월	작물재배 활동	연관활동
3월	• 밭 만들기(이랑, 고랑, 두둑 만들기) • 감자 심기 • 보리밟기 • 쑥갓 심기	• 텃밭 둘러보기 • 텃밭 팻말 만들기 • 농기구 이름과 사용법 알아보기 • 씨앗 관찰하기(보리, 무, 상추, 쑥갓, 해바라기, 호박, 벼, 수세미 등)
4월	• 깻잎, 잎채소류 씨앗 뿌리기 • 씨앗 심기(줄뿌림, 흩어뿌림, 점뿌림) • 강낭콩, 완두콩, 땅콩 씨앗 심기 • 당근, 봄무, 봄배추 씨앗 심기 • 텃밭의 잡초 뽑기	• 지렁이 생태 관찰하기 • 지렁이 생태 상자 만들기 • 친환경 영양제 난황유, 난각칼슘 만들기 • '콩 세 알 이야기' • 노래 '씨앗' • 동시 '꽃씨'

월	작물재배 활동	연관활동
5월	• 보리 관찰하기 • 완두콩 지주 세우기 • 고추, 가지, 토마토 모종 심기 • 옥수수, 고구마 심기 • 잎채소류 솎음 및 수확하기 • 콩모종 만들기 • 감자꽃 따기 및 순 솎아 주기	• 보리피리 불어 보기 • 신문지 멀칭 활용하기 • 작물 돌보는 법 이해하기(지주, 모종, 솎음 등) • 제철채소 알아보기 • 새싹 이용한 요리활동(비빔밥, 샐러드) • 꽃과 잎 이용한 요리활동(꽃 카나페)
6월	• 보리 수확하기 • 콩모종 심기 • 지주대 세우기(토마토, 오이) • 감자, 강낭콩 수확하기 • 토마토 곁순 따 주기와 솎아 주기 • 퇴비 뿌리기 • 모심기(스티로폼 상자) • 풀 뽑아 주기 및 풀 멀칭 활용하기	• 퇴비 만들기(거름, 미생물 활용하기) • 식물책 만들기 • 콩모종 신문지 멀칭 활용하기 • 열매채소 관찰하고 그리기 • 강아지풀, 토끼풀 등을 이용한 만들기 • 풀, 꽃잎 책갈피 만들기 • 감자샐러드 요리활동 • 흙과 거름에 대해서 알아보기 • 옥수수 키 재기
7월	• 풋고추, 토마토 등 수확하기 • 콩 순지르기 • 깻잎 수확하기	• 텃밭 곤충 관찰하기(익충, 해충 구분하기) • 풀 뽑아 주기 및 풀 멀칭 활용하기 • 봉선화 물들이기
8월	• 옥수수 수확하기 • 옥수수 말리기 • 김장밭 만들기 • 배추모종 키우기 • 과채류 수확하기	• 신문지 멀칭 활용하기 • 풀잎 프로타주 • 풀피리 불기 • 허브 향주머니 만들기 • 옥수수 삶기 요리활동
9월	• 배추모종 아주심기 • 김장무, 알타리무 파종하기 • 김장채소류 파종하기 • 오이, 수세미 씨앗 받기	• 허수아비 만들기 • 풀 뽑아 주기 및 풀 멀칭 활용하기 • 웃거름 주기 및 알아보기
10월	• 고구마 줄기 자르기 • 고구마 캐기 • 김장채소류 솎아 주기 • 고구마, 땅콩, 생강 등 수확하기	• 허브방향제 만들기 • 텃밭 곤충 관찰하기 • 고구마를 이용한 요리활동 • 나뭇잎으로 꾸미기

월	작물재배 활동	연관활동
11월	• 퇴비 뿌리기 • 보리 씨앗 뿌리기 • 김장채소류 수확하기	• 겨울작물 재배법 알아보기 • 작물별 씨앗으로 도감 및 사진 스크랩하기 • 볏짚으로 새끼 꼬기 • 김장하기 요리활동 • 무말랭이 만들기
12월	• 보리, 밀 돌보기 • 김장하기 • 채종(씨앗 받기)과 씨앗 보관하기	• 채소, 곡식 저장법 • 텃밭 정리 • 채소를 이용한 감사카드 만들기 • 단풍나무, 박주가리, 씨방 날리기
1~2월	• 보리 싹 틔우기 • 퇴비 만들기	• 수확한 텃밭 작물 알아보기 • 왕겨놀이(게임, 꾸미기 등) • 절편 만들기 요리활동

③ **평가**

텃밭활동 이후에는 사용한 도구를 정리하고 손을 씻고 휴식을 취할 수 있도록 배려하며 교사 스스로 텃밭활동에 대해 평가를 함으로써 반성적 사고를 통해 텃밭활동의 개선이 이루어질 수 있도록 한다.

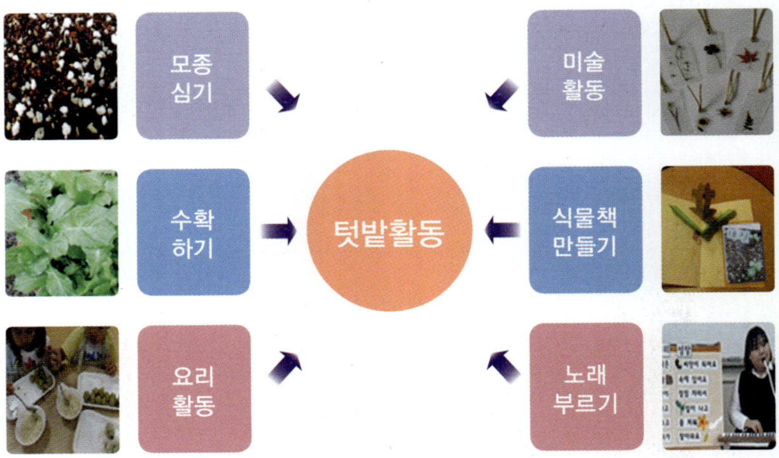

그림 14-3 텃밭활동을 통한 통합적 활동의 예

(3) 산책활동

산책활동은 영유아들에게 있어서 자연의 변화와 다양한 볼거리들을 제공할 수 있는 요소이다. 이러한 과정을 통해 영유아들은 적극적으로 오감을 이용하여 자연을 탐색한다. 계절에 따라 달라지는 나뭇잎, 나무마다 다른 나무의 수피, 떨어지는 꽃잎, 시들어 있는 꽃잎, 하늘 색깔의 변화, 다양한 구름, 구름의 움직임, 햇빛, 작은 돌멩이 그 모든 것이 아이들에게는 소중한 탐색거리이고 무궁무진한 놀이의 소재이다. 영유아들은 반복하여 산책하면서 주변 환경과 친숙해지고 이러한 과정에서 영유아 스스로 여러 가지 호기심을 갖게 되고 이를 해결하기 위한 과정을 반복하면서 자연의 법칙을 배워 갈 것이다. 아이들은 세상에 대한 호기심과 관심이 많기에 주변을 둘러보고 산책하는 것을 매우 좋아한다. 같은 곳이라도 항상 새롭게 즐거운 일을 찾아낸다. 오히려 어른들은 익숙한 것에 대한 관심과 호기심이 별로 없고 영유아들의 관심과 흥미에 미치지 못하는 경우가 많다. 아이들과 같이 산책을 하는 어른들이 아이들의 속도에 맞추지 못하고 마치 끌듯이 데리고 가는 경우를 많이 볼 수 있다. 하지만 영유아들은 아직 볼 것이 매우 많고 궁금한 것이 많기에 조금 천천히 산책하는 것이 필요하다.

교사는 산책을 할 때 영유아의 시선을 따라가면서 영유아가 궁금해하는 것을 충분히 관찰·탐색할 수 있도록 해야 한다. 또한 영유아의 관찰을 잘 돕기 위해서는 교사 자신도 산책활동을 즐길 수 있어야 한다. 교사들이 자연을 탐색하는 경험은 영유아를 이해하고 자연을 이해하는 데 매우 도움이 된다. 교사도 지속적으로 같은 곳을

산책하기도 하고, 새로운 곳에서 다양한 것을 탐색하는 습관을 들이는 것이 좋은 과학교사로서의 기본을 익힐 수 있는 것이다. 다음은 예비교사들이 매일 생활하는 학교를 둘러보며 그동안 보지 못한 여러 가지 자연물이나 인공물 등을 발견하는 시간을 갖고 쓴 저널이다. 이러한 경험은 그 이후로도 주변에 관심을 가지는 결과로 나타나 산책의 중요성과 산책의 효과를 직접 체험해 볼 수 있어 교사나 예비교사들에게 적극적으로 권하는 방법이다.

예비교사들의 신나는 과학 놀이

3학년 가을 어느 날 교수님께서 수업 시간에 우리에게 미션을 주셨다. 40분 동안 시간을 주시면서 학교를 둘러보며 천천히 걸으면서 만난 것들을 영상에 담아 오라는 것이었다. 우리 조원들은 일단 수업 시간에 밖으로 나간다는 것만으로도 들떠서 나가 여기저기 둘러보면서 깜짝 놀랐다. 3년이나 거의 매일 학교를 다녔지만 언제 이런 것들이 있었나 싶은 것 투성이였다. 우리는 수많은 친구들을 만났다. 이름 모를 꽃들과 버섯, 방아깨비, 작은 돌 틈에 피어난 꽃, 벽을 타고 올라가는 나뭇잎들, 높은 나뭇잎 사이로 보이는 햇살…. 그 어느 것 하나도 보물이 아닌 것이 없었다. 대학 들어와서 3년 만에 처음으로 벤치에 누워 하늘을 보니 하늘에 연필인 듯, 붓인 듯 쓱쓱 써 내려간 그림 같은 가는 구름이 마치 내게 수많은 말을 하는 것 같았다. 3년 동안 학교에 다니면서 한 번도 만나지 못하고 처음 만난 것들에 우리 모두는 깜짝 놀랐다. 매일 그곳에 있어도 있는 줄 모르고 지나친 것들…. 내가 교사가 된다면 '혹시 이렇게 수많은 아이들의 이야기를 놓치고 내가 원하는 방향으로 끌고 가려 하지는 않을까?'라는 생각이 들자 조금 더 세심하게 주변을 둘러보고 우리 주변의 자연들과 교감을 나누며 지내야겠다는 다짐을 했다. 이제 1년이 지나면 나도 교사가 되어 나의 아이들을 만날 것이다. 그러면 우리 반 아이들과 함께 산책하면서 주변에 있는 수많은 세상과 이야기 나누는 시간을 가져야겠다.

2) 교사의 역할

교사는 자연 · 생태 과학교육에 대한 가치와 의의를 숙지하고 동식물 기르기, 텃밭활동, 산책활동과 놀이 장면의 연결이 이루어질 수 있도록 고민한다. 즉, 먼저 담당 영유아의 관심과 흥미에 기초하여 계획된 연간 교육계획과 계절, 기관의 행사 등을 고려하여 동식물 기르기, 연간 텃밭활동, 산책활동 등에 대한 계획을 세워 본다. 이때 동식물을 기르는 활동이 다른 영역의 활동들과 연관되어 자연스럽게 통합될 수 있도록 영유아들의 관심과 흥미를 살펴보아야 한다. 물론 이러한 과학활동이 교사의 계획대로 이루어지기보다는 영유아들의 놀이 실행을 기초로 평가하여 가장 자연스럽게 활동이 전개될 수 있어야 한다.

자연 · 생태 활동의 전개는 주로 관찰활동과 탐구활동을 중심으로 이루어진다. 교사는 관찰과 탐구활동이 일어날 수 있는 환경과 분위기를 제공하고 유아가 자신의 발달과 흥미에 따라 다양한 과학기술을 사용해 볼 수 있도록 한다. 또한 탐구한 내용을 그래프, 도표뿐 아니라 그림 등 다양한 방법으로 나타내 볼 수 있도록 한다. 동식물을 기르면서 알게 된 내용들을 자연스럽게 다른 활동과 연관시키고, 유아들이 자신의 흥미에 기초한 놀이를 하면서 자연스럽게 과학적 지식을 확장시켜 나갈 수 있도록 지원해야 한다. 동물 기르기를 해 본 영유아들의 놀이는 동물 먹이 주기, 동물 집 만들기, 동물 목욕 놀이, 동물 관련 책 읽기, 집에서 본 동물 영상 함께 보고 이야기 나누기 등 다양한 활동으로 이어질 수 있다. 교사는 영유아들의 놀이를 지켜보고 상호작용하며 적절한 놀이와 활동이 이루어질 수 있도록 지원해야 한다.

3. 요리활동을 통한 과학교육

1) 요리활동을 통한 과학교육의 의의

요리활동은 자연스럽게 재료의 탐색, 물질의 상태 변화를 경험하게 됨으로써 요리의 전 과정이 과학적인 활동이다. 교사는 영유아과 함께 요리를 준비하며 재료를 함께 탐색해 본다. 과일이나 채소와 같은 원재료의 모양을 살펴보고, 만져 보고, 냄새도 맡아 본다. 또 잘라서 속의 씨앗을 관찰하거나 단면, 내부와 겉면을 비교해 보고, 맛을 보기도 하는 과정은 매우 즐거운 경험이다. 또한 섞기, 볶기, 얼리기, 끓이기 등의 요리과정은 신기한 변화를 관찰하고 예측함으로써 다양한 물리적, 화학적 경험을 할 수 있도록 한다. 그 밖에 시간, 온도, 양, 무게의 개념과 함께 맛을 탐색하게 되며, 관찰, 탐색, 비교, 예측, 측정 등 다양한 과학 기술을 활용해 볼 기회를 가질 뿐 아니라 함께 요리하는 가운데 상호 의사소통하는 기회가 많이 이루어지게 된다.

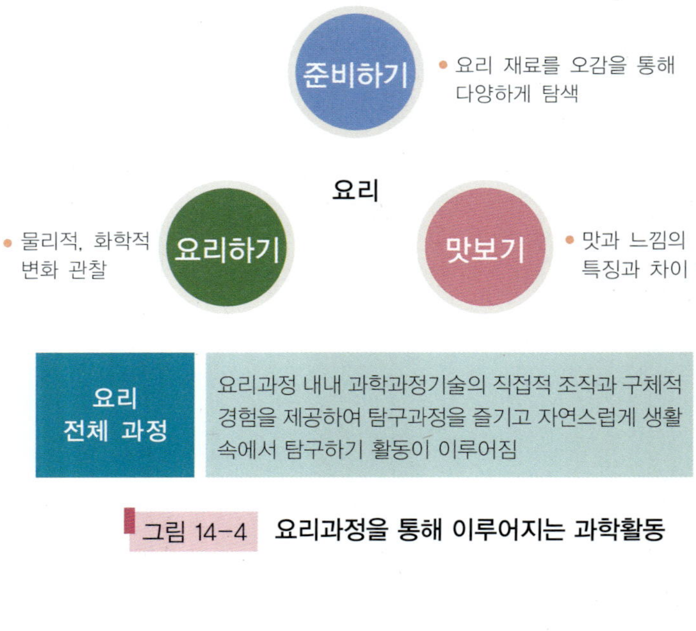

그림 14-4 요리과정을 통해 이루어지는 과학활동

이렇게 영유아들은 교사와 함께 적극적으로 요리를 선택하고, 준비과정에서는 오감각을 통해 요리 재료를 탐색해 보며, 요리과정을 통해 완성된 요리가 나오기까지 물리적 · 화학적 변화를 관찰함으로써 경이로운 과학적 경험을 하게 된다. 특히 맛난 음식을 함께 나누어 먹는 경험은 맛과 느낌의 차이를 탐색해 볼 뿐 아니라 유아들에게 즐겁고 행복한 시간이 된다.

영유아를 위한 요리활동은 쉽게 볼 수 있는 재료와 안전한 도구 사용, 오감을 이용한 탐색이 가능하며 요리과정이 어렵지 않아야 한다. 유아들이 요리과정을 진행해 나가면서 교사의 도움이 너무 많이 필요하면 유아들의 주도성이 낮아 충분히 요리과정을 즐길 수 없을 뿐 아니라 오감을 통한 즐거운 탐색과정을 빼앗길 수 있다.

다음에서는 유아들과 할 수 있는 요리활동을 적어 보았다.

표 14-4 영유아를 위한 요리활동의 예

요리 경험이 적은 유아들을 위한 요리활동	불을 이용하여 후기에 이루어지는 요리활동
• 생과일주스(바나나, 딸기, 키위)	• 핫케이크
• 과일쉐이크	• 수프
• 샌드위치, 카나페, 롤샌드위치	• 삶은 고구마, 감자, 옥수수, 달걀
• 과일샐러드, 감자샐러드	• 과일잼 만들기
• 과일화채	• 빵/과자 만들기
• 과일꼬치	• 팝콘
• 미숫가루	• 김치부침, 녹두전
• 샐러드(과일, 감자, 고구마 샐러드)	• 감자, 채소전
• 과일(레몬, 자몽, 매실)차 만들기	• 진달래화전
• 요플레	• 달걀요리(달걀 프라이, 달걀 오믈렛)
• 송편 빚기	• 어묵탕
• 감자, 고구마 경단	• 피자 토스트
• 약식	• 스파게티
• 얼음과자	• 떡볶이

(1) 요리활동을 통한 과학교육 전개

영유아를 위한 요리활동을 계획하기 위해서는 진행되는 주제와 영유아의 발달, 흥미 등을 고려하여 적절한 요리활동을 선정하며, 과학적 개념과 과정이 다양하게 이루어지는 것을 선정한다. 교사는 사전에 반드시 계획된 요리활동을 미리 해 보아야 하며, 요리활동을 위한 레시피를 만들어 요리활동의 원활한 진행을 돕는다. 그러나 영아의 경우에는 굳이 레시피를 제작할 필요는 없으며 영아들의 반응을 보면서 관찰과 탐색을 중심으로 요리활동을 경험해 보도록 한다. 교사는 영유아들이 준비된 자료를 보면서 충분히 탐색할 기회를 제공하며 관찰을 통해 영유아의 흥미와 요구 및 이해 정도를 파악하여 문제해결을 도와야 한다. 교사의 적절한 질문은 영유아의 탐구과정을 도우며 영유아가 주도적으로 요리활동을 할 수 있도록 한다.

요리활동은 자유선택활동 시간 중에 소그룹으로 나누어서 하는 것이 효과적이며 지원할 수 있는 성인이 있는 경우에는 한 반의 아이들이 함께 요리활동을 할 수 있다. 모둠으로 나누어서 요리활동을 하는 경우 유아들이 스스로 순서를 적어 볼 수 있도록 순서표를 준비하여 요리영역 앞에 걸어 두면 놀이를 하는 유아들이 자신의 순서를 예측하고 준비할 수 있다.

표 14-5 요리활동 순서표의 예

요리를 언제 할지 이름표를 붙여 주세요

먼저 할래요	조금 있다 할래요	나중에 할래요

(2) 요리 순서도 만들기

요리활동을 위한 순서도는 유아들로 하여금 활동의 순서를 예측할 수 있도록 돕는다. 영아의 경우에는 굳이 순서도를 제시할 필요가 없으며 다양한 형태의 순서도는 요리활동에 대한 관심과 흥미를 가지게 하며, 유아들의 읽기활동에도 긍정적 영향을 미친다.

순서도를 만들 때는 제목과 필요한 것들 그리고 요리 순서를 차례로 제시한다. 필요한 것에는 요리 재료와 도구를 구분하여 제시한다. 다음에는 요리활동의 순서대로 간단한 설명과 함께 그림 또는 사진을 제시한다. 요리 설명은 씻는다-자른다-담는다-섞는다 등 지시어를 사용하여 간단하게 적어 준다. 요리에 따라서는 지시어만 적어 주고 그림을 보면서 유아들이 요리 상황을 알 수 있도록 해 주어도 된다.

표 14-6 순서도의 예

찐고구마

재료: 고구마, 물
도구: 냄비, 시계, 접시, 포크, 핫플레이트
순서:

1. 고구마를 담는다.

2. 물을 붓는다.

3. 고구마를 삶는다.

4. 고구마를 꺼낸다.

5. 맛있게 먹는다.

2) 교사의 역할

요리활동을 하는 동안 교사는 영유아들이 충분히 관찰하고 탐색할 수 있도록 해야 한다. 순서대로 요리를 해서 음식이 만들어지는 것이 중요한 것이 아니라 요리의 과정 안에서 준비된 재료를 탐색할 수 있도록 하고, 영유아들이 활동을 확장해 볼 수 있도록 돕는다. 특히 교사는 요리과정에서 보이는 영유아의 관심과 흥미 및 질문에 적절하게 반응하면서 요리과정을 예측하고 문제해결을 할 수 있도록 돕는다. 이러한 교사의 질문은 영유아의 활동을 심화하고 촉진시킬 수 있는 역할을 한다.

표 14-7 요리활동의 예

핫케이크를 만들어요	
목표	물질의 성질(느낌, 색, 냄새, 모양)을 알아본다. 물질의 변화에 호기심을 갖고 관찰한다. 핫케이크 만들기에 필요한 재료와 도구를 안다. 기구를 안전하게 사용한다.
활동자료	재료: 핫케이크 가루, 달걀, 우유, 버터 도구: 전기 프라이팬, 커다란 볼, 거품기, 계량컵, 뒤집개, 숟가락 요리순서도, 요리용 깔개, 앞치마, 행주, 간식을 위한 준비물
활동방법	〈준비〉 행주로 책상을 깨끗이 닦는다. 요리를 위한 깔개를 책상 위에 깐다. 1) 요리용 재료와 도구를 살펴보고 이야기 나눈다. – (요리 재료를 보여주며) 어떤 것들이 준비되어 있니? – 각각의 재료를 만져 보기, 살펴보기, 냄새 맡아 보는 등을 통해 비교해 본다. – (요리 도구를 제시하며) 이것은 어떻게 사용할까? 2) 요리활동에 대해 이야기 나눈다. – 이런 준비물로 무엇을 할 수 있을까? – 핫케이크를 만들려면 어떤 순서로 하면 좋을까? – 유아들의 생각과 미처 생각하지 못한 부분에 대해 준비한 요리순서도를 제시하면서 이야기 나눈다. – 순서도를 보면서 핫케이크 만드는 방법에 대해 정리해 본다. – 요리할 때 주의점에 대해 이야기 나눈다. 3) 앞치마를 입고 손을 깨끗이 씻은 후 요리 책상에 앉는다. 4) 핫케이크 만들기 1. 거품 내기 – 달걀을 깨뜨리고 내용물을 관찰한다. – 흰자와 노른자를 거품기로 섞고 그 변화를 관찰한다. 2. 큰 그릇에 핫케이크 가루 담기 – 핫케이크 가루를 숟가락으로 떠서 계량컵에 담는다. – 계량컵으로 두 컵을 큰 그릇에 담는다. 3. 우유 1컵 넣기 – 핫케이크 가루에 우유를 넣고 변화를 살펴본다. 4. 달걀 넣기 – 핫케이크 가루에 달걀을 넣고 변화를 살펴본다.

<table>
<tr><td>활동방법</td><td>
5. 섞기
– 거품기로 반죽을 저으면서 반죽의 상태를 살핀다.
– 골고루 젓는다.
– 색과 냄새를 맡아 본다.
6. 전기 프라이팬 코드 꽂기
– 손을 가까이 대어 프라이팬의 온도 변화를 느껴 본다.
7. 프라이팬에 열을 가한 후 버터 넣기
– 계량스푼(5ml)으로 버터를 두 번 떠서 넣고 변화를 살펴본다.
8. 반죽 넣기
– 반죽을 국자로 두 번 떠서 넣는다.
9. 계량스푼(5ml)으로 버터를 두 번 떠서 넣고 변화를 살펴본다.
– 열을 가한 후 계량스푼
10. 반죽을 떠 넣기
– 변화하는 반죽의 상태(냄새, 색)를 살핀다.
– 언제 뒤집을지에 대한 이야기를 나눈다.
– 가루 속에 부풀게 하는 것이 있어 반죽 속에 공기가 들어가면 그만큼 부풀어 구멍이 생김을 알려 준다.
11. 뒤집기
– 뒤집어진 핫케이크의 상태를 살펴본다.
– 뒤집을 때 교사가 도와줄 수 있다.
– 핫케이크의 구워지는 상태에 따라 열을 조절해 준다.
12. 간식 통에 담기

순서대로 핫케이크를 만들면서 상호작용한다.

5) 정리하고 간식 먹기
– 사용한 준비물을 정리한다.
– 앞치마를 벗어 정리한다.
– 손을 씻는다.
– 간식 먹기

6) 핫케이크를 만들어 먹은 후 느낌을 이야기 나눈다.
– 핫케이크를 직접 만들어서 먹으니 어떠니?
– 만들면서 어떤 점이 재미있었니?
– 어떤 도구가 사용하기 어려웠니?
– 핫케이크 가루의 반죽을 구웠더니 어떻게 변했니?
– 다음에는 어떤 요리를 하고 싶니?

7) 확장활동
– 만들어서 먹고 난 후 핫케이크 순서도를 만들어 본다.
</td></tr>
</table>

활동의 유의점	1) 앞치마와 머리 수건을 쓰고 손을 꼭 씻도록 한다. 2) 요리 도구 사용 시 안전에 유의한다.
활동평가	1) 요리에 필요한 도구가 있음을 알고 있는지 평가한다. 2) 약속을 지키면서 안전하게 요리하는지 평가한다.
확장활동	1) 역할놀이 영역에서 쿠키 가게 놀이를 한다.

출처: 류진희(2006). 유아교사를 위한 교육실습과 교육활동, 재구성.

예비교사들의 신나는 과학 놀이

즐겁게 음식을 만들어 먹으며 만드는 요리 레시피

"과학 수업시간에 요리활동이 과학활동으로 효과적임을 알게 되었어요. 친구들과 함께 간단하게 유아들과 함께할 수 있는 요리를 선택하여 해서 먹으며 사진을 찍어 간단 레시피를 만들어 보았어요. 생각보다 쉽게 할 수도 있고 실습 나가거나 교사가 되면 유아들과 함께 보면서 요리할 수 있을 것 같아요."

예비교사들의 신나는 과학 놀이

유아들과 함께 하는 음식 수수께끼 놀이

"평소에 음식을 먹을 때마다 친구들끼리 수수께끼를 만들어 두면 수수께끼를 너무 좋아하는 유아들과 즐겁게 놀이할 수 있을 거예요."

음식 수수께끼

나는 하얗죠. 사람들은 나를 컵이나 상자 곽에 넣어 마셔요. 나는 누구일까요?

나는 채소예요. 나는 길고 주황색이며 날로 먹을 수 있어요. 나는 누구일까요?

나는 과일이에요. 나는 둥글고 빨갛지요.
깨물면 새콤하고 달콤해요. 나는 누구일까요?

나는 국을 끓일 때 넣으면 맛이 좋아요.
불에 구울 수도 있고 기름에 지지기도 하지요. 나는 누구일까요?

나는 덩어리로 되어 있어요. 나는 샌드위치를 만들 때 쓰기도 하고
잼을 바르기도 해요. 나는 누구일까요?

나는 긴 동그라미 모양이에요. 껍질은 갈색인데 삶기도 하고
프라이할 수도 있어요. 나는 누구일까요?

나는 과일 종류인데 몸은 까맣고 주름살이 많이 생겨 있어요.
나는 완두콩만큼 조그맣고 맛은 매우 달지요. 나는 누구일까요?

나처럼 차가운 친구는 없을 거예요. 나는 우유로 만들어요.
그리고 아주 달고 세모나 네모 동그란 모양도 있어요. 나는 누구일까요?

4. 문학활동을 통한 과학교육

1) 문학활동을 통한 과학교육의 의의

과학활동은 영유아에게 의미 있을 때, 즉 영유아가 관심과 흥미를 가지는 것, 이미 알고 있는 것에서부터 출발할 때 쉽게 가르칠 수 있다. 따라서 영유아들에게 적절한 내용의 그림책과 같은 문학작품을 활용하는 것은 효과적인 방법이다. 현대 과학교육의 동향은 학문 간 융합을 강조하고 있으며, 특히 문학은 영유아의 생활과 밀접하게 연결되어 있어 흥미롭고 풍부한 상상력과 친근감으로 쉽게 과학활동으로 연결할 수 있는 좋은 매개체이다. 요즈음 영유아 과학교육에 있어서 문학을 통한 접근이 다양하게 이루어지고 있으며 그 효과성을 입증하는 연구가 이루어져 왔다(이설희, 2011; 이은수, 2010).

2) 문학활동을 통한 과학교육 전개

그림 14-5 문학을 통한 과학활동 전개

문학을 통한 접근 방법은 일반적으로 과학 개념이 포함된 좋은 책을 선정하여 이에 포함된 개념을 중심으로 관련 활동을 심화 · 확장하며 전개해 나가는 방식이다. 즉, 교사는 진행되는 주제나 유아가 흥미를 가지고 놀이하고 있는 활동에 적절한 과학 내용을 생각하고 관련된 문학작품을 고른 후, 다양한 매체를 활용하여 이야기를 들려준다. 문학작품의 내용 중 영유아의 질문이나 탐구심을 격려할 수 있는 부분을 중심으로 관찰하기, 측정하기, 실험하기, 조사하기, 비교하기 등 다양한 과학활동을 계획하여 경험하도록 한다. 그리고 연관 활동 등을 통해 학습한 개념과 지식을 보다 의미 있는 방식으로 표현 · 확장할 수 있도록 돕는다.

〈그림 14-6〉은 에즈라 잭 키츠의 『눈 오는 날』을 통하여 '자연현상 알아보기'에 대한 과학적 탐구의 내용을 전개하는 한 예를 나타낸 것이다. 이는 관찰, 실험, 비교 등의 과학활동을 통해서 뿐 아니라 다양한 관련 활동을 함으로써 자연현상에 대해 더 깊은 이해가 이루어질 수 있도록 하므로, 영유아에게 있어서 보다 쉽게 다가갈 수 있는 방법이다. 이때 너무 무리하게 어려운 활동을 계획하지 않도록 주의하며 문학작품에서 제시한 영유아에게 적절한 과학의 개념을 중심으로 활동을 전개한다.

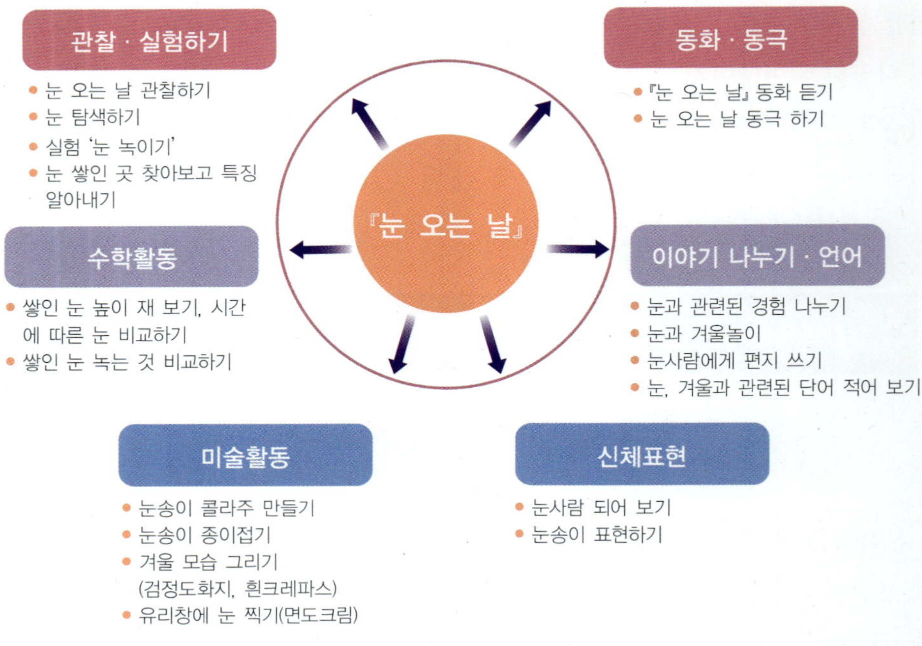

그림 14-6 『눈 오는 날』을 중심으로 꾸며 본 문학을 통한 과학교육의 통합적 접근

특히 과학활동 전개 시 각 활동은 분리되어 이루어지는 것이 아니라, 서로 연결되어 활동 안에서 통합될 수 있다. 즉, 눈 오는 날에 '눈 녹이기' 실험과 '눈 탐색하기' 등의 활동을 하고, 자연스럽게 밖으로 나가 수학활동인 '쌓인 눈 녹는 것 비교하기', '쌓인 눈 높이 재기' 등으로 연결 · 확장될 수 있다. 또한 이러한 활동은 유아의 관심과 호기심을 중심으로 생략, 대치, 확장 등이 가능하다. 무엇보다 교사는 문학을 통한 과학활동의 효과를 생각하면서 거미줄 모형을 짜 보지만, 모든 활동을 다 하려고 하기보다는 유아의 요구와 흥미를 관찰하면서 시도한다. 활동은 유아가 관심을 가질 만하면서도 영유아기에 경험하면 좋을 적절한 과학활동을 선택해야 한다.

영유아 과학교육에 있어서 문학을 통한 접근방법은 무엇보다 적절한 그림책을 선정하는 것이 중요하다. 따라서 책을 선정하는 데 있어서 다음과 같은 점을 고려해야 할 것이다.

① 과학적 개념이 포함되며, 과학적 행위에 초점을 둔 이야기책
② 일상생활에 기초하여 영유아들에게 가치 있고 흥미를 주는 내용
③ 그림이 과학적 행위와 내용에 적절한 책
④ 과학적이고 논리적이며, 체계적으로 표현된 적당한 길이의 책

〈표 14-8〉은 영유아들에게 적절한 과학적 내용이 포함된 책을 과학교육 주제와 함께 고려할 수 있는 내용을 중심으로 제시해 보았다. 책 내용에는 반드시 예시로 제시한 주제나 내용 이외에도 다른 주제와 내용이 포함된 경우도 많다(예: 치과의사 드소토 선생님의 경우 '건강과 안전'의 주제에서도 제시될 수 있지만 '기계와 도구'의 내용에서도 활용할 수 있기 때문이다). 교사는 진행되는 주제와 영유아들의 관심과 흥미를 고려하여 적절한 책을 선정하고 효과적인 활동을 전개해 나가야 한다.

표 14-8 문학적 접근을 위한 과학 동화

주제	과학교육 내용	그림책	저자	출판사
유치원과 친구	탐구과정 즐기기	꼬니는 내 친구	정대영	보림
		구리와 구라의 빵 만들기	나카가나 리에코/오무라 유리코	한림출판사
		색	빠스칼 드 브르고잉/삐에르 마리알라	꼬마샘터
		무지개 물고기	마르쿠스 피스터	시공주니어
		새 옷 입은 내 신발	지옥정	창지사
나와 가족	자연과 더불어 살기/탐구과정 즐기기	만져 보면 다 알아요	김영자/황명희	여명출판사
		아기사자 머리 깎기	유치원교육활동자료	교육부
		작은 집 이야기	버지니아 리 버튼	시공주니어
		우리 집은 너무 좁아	마고 제마크	비룡소
		아빠가 지켜 줄게	이혜영	비룡소
		우리 할아버지	존 버닝햄	비룡소
		우당탕탕 할머니 귀가 커졌어요	엘리자베드 수티메르트	비룡소
건강과 안전·우리 동네	자연과 더불어 살기/탐구과정 즐기기	난 토마토 절대 안 먹어	로렌 차일드	국민서관
		난 밥 먹기 싫어	이민혜	시공주니어
		깊은 밤 부엌에서	모리스 샌닥	시공주니어
		김치는 싫어요	최신양/나애경	보림
		꼬마 요리사 팬더 리리	편집부/박정옥	한림출판사
		치과의사 드소토 선생님	윌리엄 스타이그	비룡소
		나도 아프고 싶어	알라키 브란덴베르크	시공주니어
		구리와 구라의 빵 만들기	나카가나 리에코/오무라 유리코	한림출판사
계절	자연과 더불어 살기	아하 보리였구나	심조원/차정인	보리
		오소리네 집 꽃밭	권정생/정승각	길벗어린이
		봄날 호랑나비를 보았니?	조은수/문승연	길벗어린이
		씨앗은 어디로 갔을까?	루스 브라운	랜덤하우스코리아
		봄노랑, 여름노랑, 가을노랑, 겨울노랑	조문현/김현경	동아출판
		비오는 날	유리 슐레비츠	시공주니어
		여름에는 왜 더울까요	크리스 아베티스/버넌 멕키색	다섯수레
		여름이 왔어요	보리/김영미	보리

주제	과학교육 내용	그림책	저자	출판사
계절	자연과 더불어 살기	잎은 왜 단풍이 들까요?	크리스 아베티스, 캐럴 팰머/제임스 버클리	다섯수레
		모두가 기른 벼	달팽이과학동화	웅진출판사
		눈 오는 날	엑즈라 잭 키츠	비룡소
		겨울에는 왜 추울까요?	갤럴 팰머, 크리스 아베티스/버틴 맥키색	다섯수레
		커다란 순무	알릭세이 톨스토이/헬린 옥슨버리	시공사
동식물과 자연	자연과 더불어 살기/생활 속 탐구하기	장화 신은 고양이	샤를 페로/프레드 마르 셀리노	시공사
		배고픈 애벌레	에릭 칼	
		동물들은 왜 겨울잠을 자나요?	크리스 아베티스/지엠스 버클리	다섯수레
		쇠똥 구리구리	유에로	보림
		알을 품은 여우	이사미 이쿠요	한림출판사
		우리끼리 가자	윤구병/이태수	보리
		코를 "킁킁"	루스 크라우스/마크 사이먼트	비룡소
		날아라, 호랑나비야	권혁도	길벗어린이
		무지개물고기와 신기한 친구들	마르쿠스 피스터	시공주니어
		나뭇잎이 달아나요	올레 쾨네케	시공주니어
		꽃씨나라 난쟁이의 선물	요코타 미노루	한림출판사
		나무	엘라 마리	시공주니어
		마들린느와 주네비브	루드비히 배밀먼즈	시공사
		선인장 호텔	브렌다 기버슨/미간 로이드	마루벌
		아기 오리들한테 길을 비켜 주세요	로버트 맥클로스키	시공주니어
		이상한 발자국 누구의 것일까	아부우치 마사유키	한림출판사
		벌레가 좋아	마거릿 와이즈 브라운	보림
		썰매 타는 암소 무	토마스 비스란데르	사계절
		아이고 시끄러워	달팽이 과학동화	보리
교통기관	탐구과정 즐기기/생활 속 탐구하기	말괄량이 기관차 치치	버지니아 리 버튼	시공주니어
		굴러라 바퀴야	조명제/문철	보림
		야, 우리 기차에서 내려	존 버닝햄	비룡소
		돌돌이와 바퀴	이경우/이정환	창지사
		화물열차	도널드 크루즈	시공주니어

주제	과학교육 내용	그림책	저자	출판사
우리 나라 · 세계 여러 나라	탐구과정 즐기기/ 생활 속 탐구하기	지구촌 동물들	르네 메뜰레	꼬마샘터
		한지돌이	이종철/이춘길	보림
		장영실 이야기	유치원활동자료집	교육부
		씨실 날실	주강현	보림
		연안 연아 올라라	김명자	보림
		코끼리 똥으로 종이를 만든 나라는?	마르티나 바트슈투버	시공주니어
생활 도구	생활 속 탐구하기	동물마을의 목수 아저씨	유치원 활동자료집	교육부
		갈릴리오 갈릴레이	피터 시스	시공주니어
		굴러라 바퀴야	조명제, 문철	보림
		숨 쉬는 항아리	정병락	보림
환경과 생활	자연과 더불어 살기	맑을까? 비올까?	이경애/이경화	국민서관
		토토의 무지개 놀이	강덕선	웅진출판
		바닷물고기 덩치	정대영	보림
		그림자 길을 따라 갔어요	이성표	보림
		지구를 굴리는 곰 이야기	주영삼	비룡소
		천둥과 번개는 왜 생길까요?	크리스 아베티스/제임스 버클리	다섯수레
		바람 부는 날	정순희	비룡소
		무서운 그림자 귀신	주느비에브 위리에/ 로이크 누아니고	동아출판사
		비 오는 날	유리 슐레비츠	시공주니어
		케이티의 폭설	버지니아 리 버튼	시공주니어
		해님 달님	송재찬	국민서관
		아빠가 우주를 보여주던 날	울프 스타르크	크레용하우스
		아기 물방울의 여행	윤구병	보리
		움직이는 섬	메리디스 후퍼	서돌
		함께 놀아요 흙이랑	이토 히로시	예림당
		눈의 여왕	한스 안데르센	웅진주니어
		견우와 직녀	초록개구리	계림닷컴
		거인 사냥꾼을 조심하세요	콜린 맥노튼	시공주니어

출처: 김경미·김현주·송연숙(2015). 현장중심 유아과학교육, 재구성.

3) 교사의 역할

문학활동을 통해 과학을 제시할 때 교사는 이야기책에서 제시하고 있는 과학 내용과 과정을 숙지하고, 무엇보다 영유아의 요구와 흥미 및 발달을 고려하여 적절한 도움을 주어야 한다. 자칫 책의 정보 전달을 위주로 하는 과학활동으로 흐를 수 있으므로 주의하여야 한다.

5. 미술활동을 통한 과학교육

1) 미술활동을 통한 과학교육의 의의

영유아 과학교육에 있어서 미술활동을 통한 접근은 다양한 미술활동을 수단으로 과학교육의 내용을 경험하게 하고 영유아가 스스로 과학적 지식, 기술, 태도를 구성해 나가는 것이다. 다양한 미술재료에 대한 탐색, 자연물을 통한 콜라주, 밀가루나 점토 등 미술재료를 만드는 과정에서 다양한 물질의 속성이나 과학적 개념을 경험하게 된다. 한편 미술활동은 준비과정과 전개뿐 아니라 결과물을 통하여 시각적 표상으로 나타낼 수 있어 효과적이다.

그리기, 구성하기, 콜라주, 찍기, 점토, 감상 등 다양한 장르의 미술활동을 과학활동과 융합함으로써 효과적으로 과학적 지식을 획득하고, 다양한 미술활동을 하는 동안 자연스럽게 과학적 기술을 사용함으로써 즐겁게 과학활동을 하게 된다. 또한 영유아들의 과학적 태도 형성에도 매우 효과적인 활동이라 할 수 있다. 최근 미술을 통한 과학적 접근 방법에 대한 연구들(김남연 · 조형숙, 2012; 김은영 · 고영미 · 유영의, 2015)은 미술과 통합한 과학 프로그램에 대한 긍정적인 효과를 보고하고 있다. 또한 비디오아트 작품은 컴퓨터의 과학적 접근 방법과 미술 감상이 함께 이루어지는 미술-과학의 융합적 프로그램으로서 각광을 받고 있다. 이는 현대 과학의 개념인 STEAM 융합교육과도 일맥상통한다.

2) 미술활동을 통한 과학교육 전개

(1) 주제 탐색–주제와 통합된 과학활동–미술활동을 통한 과학교육

진행되는 주제를 탐색하는 활동을 하면서 통합적 접근 방법으로 과학활동을 한다. 주제와 통합된 과학활동에서는 관찰하기, 비교하기, 예측하기, 측정하기, 추론하기, 의사소통하기 등을 통해 과학과정에 참여하며 영유아들은 스스로 과학적 개념을 찾아가게 된다. 이러한 탐구활동을 통해 알게 된 개념을 구체적으로 표상해 봄으로써 활동을 통해 알게 된 지식을 보다 명확하게 이해하게 된다.

예를 들면, '봄'이라는 주제가 진행될 때 봄꽃과 관련된 다양한 주제 관련 활동을 하게 된다. 과학활동으로는 봄꽃을 관찰하고 봄꽃의 특징을 알아보는 등 다양한 활동을 하게 된다. 이후 과학활동을 통해 알게 된 지식을 다양한 재료를 이용하여 표상해 보는 것이다. 표상한 작품은 전시를 통해 감상의 경험으로 확장될 수 있다.

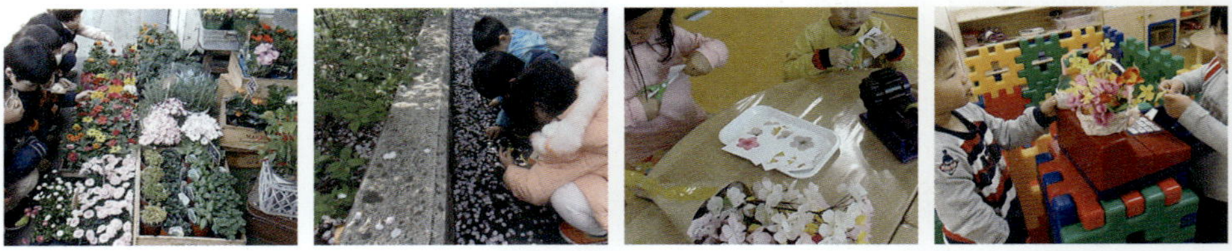

(2) 미술작품 감상–과학적 탐구–표현활동

명화 또는 유아들이 만든 작품 감상을 통해 미술작품에 내재된 과학적 원리와 현상에 대해 분석적 감상을 해 봄으로써 재료에 대한 호기심과 궁금증을 가질 수 있다. 작품에 나타난 표현방법과 재료 등을 예측해 보기도 하고, 재료의 특성을 파악하는 실험으로 연결해 본다. 또한 실험한 재료로 다시 표상활동을 함으로써 표상활동과 탐구활동을 순환적으로 진행하며 탐구해 나간다.

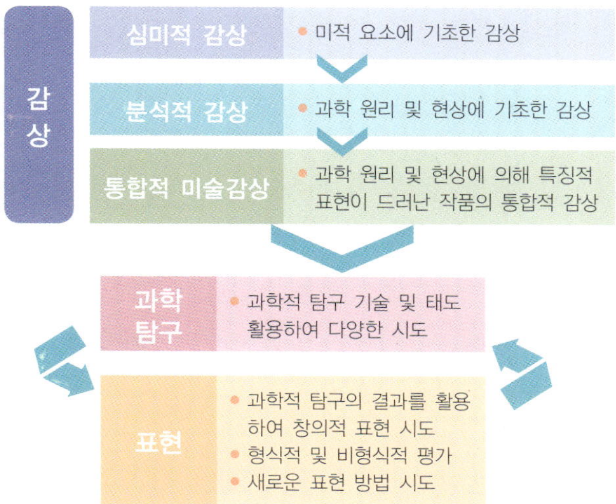

그림 14-6 미술과 통합한 유아과학 프로그램의 교수-학습 단계의 예

출처: 김남연·조형숙(2012).

명화나 특별한 미술작품을 통해 이러한 활동이 이루어질 수 있기도 하지만, 유아들이 미술활동을 통해 표상한 자료를 감상하면서 다시 과학적 방법을 탐색해 볼 수 있다. 예를 들면, 슬라이드 필름에 유아들이 다양한 재료로 자신만의 작품을 만들어 볼 수 있다. 만든 슬라이드를 환등기에 끼워 벽에 투사한 모습을 보면서 사용한 재료를 예측해 보고 빛이 투과하는 것과 투과하지 않는 것 등 다양한 사물의 특성을 탐색해 볼 수 있다. 또 다시 다양한 방법으로 표상을 반복하면서 유아들은 물질에 대한 지식을 획득해 나갈 수 있다.

출처: 의왕 육아종합지원센터.

3) 교사의 역할

미술활동을 하면서 유아들은 다양한 현상에 대해 호기심을 가지고 이를 표현한다. "어? 어떻게 이렇게 되지?", "선생님 왜 이렇게 됐어요?" 교사는 유아들의 이러한 질문에 귀를 기울이고 과학과정기술을 이용하여 문제를 해결할 수 있도록 돕는다. 관찰하기, 예측하기, 분류하기, 비교하기, 추론하기, 의사소통하기 등의 과학과정기술을 이용할 수 있도록 적절한 발문을 통해 유아의 과학적 사고를 돕는다. 자칫 단순히 미술활동에서 이루어지는 결과물이 경험 위주의 미술활동으로 끝날 수 있기에 과학적 탐구과정을 경험하는 색다른 기회가 될 수 있어야 한다(조형숙 외, 2016).

예비교사들의 신나는 과학 놀이

가을이 무르익은 어느 날 과학시간에 우리는 작은 봉투를 하나씩 들고 가을 산책을 나섰다. 미션은 작은 봉투에 가을을 담아오라는 것이었다. 맑은 가을하늘에 걸쳐진 구름이며 여러 가지 꽃, 다양한 열매, 각종 색깔로 예쁘게 물든 나뭇잎까지…. 어쩌면 그렇게 가을이 우리 곁에 가까이 와 있는지도 모른 채 지나칠 뻔 했던 것이다. 우리는 재잘대며 이런저런 가을을 듬뿍 담아 왔다. 교실로 들어온 우리는 담아온 가을을 펼쳐 놓으며, 커다란 종이에 우리끼리의 이야기를 만들어 갔다. 우리가 생각했던 것보다 훨씬 더 멋지게 꾸며지는 것들을 보며 우리 스스로 너무 잘했다며 즐거워했다. 그러고 나서 조별 발표를 하는데 각 팀이 발표를 할 때마다 탄성 또 탄성이었다. 우리의 작품을 벽에 붙여놓으니 미술관이 따로 없었다. 그리고 주말을 보내고 학교에 왔는데 우리가 만든 작품이 또 많이 변해 있었다. 열매나 나뭇가지들은 변함이 없지만 나뭇잎들이 말라서 또 다른 모습이 나타난 것이다. '아! 아이들도 이런 기분이겠구나!' 걸어놓은 작품이 시간이 지나면서 어떻게 변해 가는지를 자세히 살필 수 있을 것 같았다. 자기들이 만든 것은 더 애착이 가니까…. 직접 돌아다니면서 여기저기를 둘러보고 가을이 되면 우리 주변이 어떻게 변화하고 있는지를 이렇게 즐겁게 놀이를 하면서 자연스럽게 알게 되었다. 이러한 활동을 통해 우리가 직접 참여한 활동 안에서 과학의 원리를 알게 된다는 것을 깨닫게 되었다.

출처: 예비교사의 과학 저널 중.

6. 일상생활 속에서 일어나는 과학활동

1) 일상생활 중 호기심을 통한 과학활동

영유아에게 있어서 세상은 무한한 호기심과 궁금증을 유발하는 곳이다. 어른들은 무심코 지나치는 일상이 영유아들에게는 "왜?"를 연발하는 궁금한 세상이다. 영유아들의 궁금증은 유아교육기관에 등원하는 순간부터, 아니 아침에 눈을 뜨고 일어나면서부터 시작된다. 실내 · 외에서 자유롭게 놀이하는 중이나 교사와 함께 여러 가지 활동을 하는 중뿐만 아니라 음식을 먹거나 정돈하는 시간 등 하루 내내 일어날 수 있다. 이러한 궁금증은 과학의 기초가 되고 놀이의 도화선이 될 수 있다. 이렇게 생활 속 궁금증으로부터 일어난 과학활동으로 영유아의 자연스러운 내적 동기가 유발되므로, 영유아는 과학을 아주 쉽고 즐거운 활동으로 인식하게 된다. 따라서 교사는 관찰하기, 예측하기, 분류하기, 비교하기, 실험하기, 추론하기, 의사소통하기 등 다양한 과학과정기술을 경험할 수 있도록 기회를 제공하고 지원해야 한다.

조형숙 외(2016)은 이러한 일상생활에서 이루어지는 과학활동의 이점을 다음과 같이 들고 있다.

첫째, 일상생활 속의 여러 가지 물질이나 현상을 탐구활동을 통해 문제 제기할 수 있으며, 이러한 활동은 맥락이 구체적이고 실제적이어서 유아들로 하여금 과학을 우리 일상과 주변에서 이루어지는 것으로 인식하게 한다.

둘째, 일상생활 속에서 이루어지는 과학활동은 영역에 구애를 받는 것이 아니므로 통합적 교육과정에 기초하게 된다. 따라서 어느 영역에서라도 과학활동을 전개할 수 있다.

셋째, 일상생활 속에서 과학활동을 하다 보면 자연스럽게 유아들은 주변을 좀 더 세밀하게 탐색하게 되며, 자신의 생각을 여러 번 수정하고 검토해 보는 기회를 갖게 된다.

넷째, 일상생활 속에서 이루어지는 과학활동은 당연히 유아 주도적이고 발현적인 교육활동으로서 유아의 생각을 과학적으로 실행하는 기회가 되어 유아의 과학적 태도를 증진한다.

유아 1 이거 봐, 여기 좀 봐봐.
유아 2 나도 그림자 있어.
유아 1 아니, 그게 아니라 이건 그림자가 조금 달라.
유아 2 어디? 투명하니까 그러나?
유아 1 투명하면 그림자가 없어야 하는 거 아닌가? 근데 조금만 보여.
유아 2 그러네. (손바닥 펴서 그림자를 만들어 본다) 그림자. 그림자.

유아 2는 투명 플라스틱 숟가락을 한참을 바라보다가 버리고 미끄럼틀로 달려간다. 유아 1도 일어나 뛰어간다. 잠시 후 유아들은 그림자밟기 놀이를 한다.

〈놀이 실행 후 교사의 계획〉

오늘 유아들은 놀이터에서 우연히 투명 플라스틱 숟가락의 그림자를 발견하고 그림자에 대한 관심을 가졌다. 한참을 들여다본 유아는 숟가락을 버리고 다른 놀이를 하러 갔다. 그래도 그림자가 마음에 있었는지 유아들은 그림자밟기 놀이를 하고 있었다. 나는 유아들이 그림자를 더 탐색해 볼 수 있도록 교실에 OHP를 꺼내 놓고 다양한 물건을 얹어 볼 수 있는 여러 가지 물건을 준비해 주어야겠다고 생각했다. 또 유아들이 자유롭게 궁금한 것들을 OHP에 사물을 비춰 보며 놀 수 있도록 허용해 주어야겠다. 유아들이 관심을 가지고 놀다가 '어떤 물건일까요?' 그림자 알아맞히기 놀이로 진행해도 괜찮을 것 같다.

2) 교사의 역할

일상생활에서 유아들이 제기하는 여러 가지 질문이나 호기심은 과학적 탐구활동의 매우 중요한 부분이다. 따라서 교사는 유아의 호기심을 확장하고 질문을 통해 과학 하는 방법을 알아 갈 수 있도록 도와야 한다.

먼저 교사 스스로 일상적으로 일어나는 여러 가지 문제에 대해 민감해야 한다. 그리하여 일상적으로 일어나는 다양한 현상이나 문제에 교사가 호기심을 가지고 적극적으로 탐구하는 태도를 가져야 한다. 성인들은 일반적인 상식이나 과학적 지식을 확인해 보거나 탐구하기보다는 그대로 받아들이는 경향이 있다(조형숙 외, 2016). 하지만 민감한 교사는 일상적인 사물이나 현상에 대해 호기심을 가지고 탐구해 보려는 태도가 우선되어야 한다. 이러한 태도는 곧 유아들의 엉뚱한 질문에 대한 수용적 태도를 가지게 되고 유아와 함께 다양한 실험에 도전해 볼 수 있는 자신감을 가지게 된다.

또한 교사는 유아의 질문에 대해 편안하게 받아들이고 자유롭게 질문할 수 있는 분위기를 만들어 주어야 한다. 유아들의 질문은 교사가 생각할 수 없는 황당한 경우도 있고, 너무 당연하게 생각되어 설명하기 어려울 때도 있다. 하지만 그런 질문을 받을 때마다 교사가 난처해하거나 질문을 회피한다면 유아들은 더 이상 질문을 하지 않게 되고 자연스럽게 호기심이 줄어들게 된다. 따라서 교사는 허용적인 태도를 가지며, 유아의 질문에 반드시 답을 주어야 한다는 부담감에서 자유로워야 한다. 교사도 지식이 부족할 수 있음을 받아들이고, 유아들이 더 구체적으로 질문할 수 있도록 도와주어 함께 탐구해 나가야 한다. 이렇게 교사는 유아들이 질문할 수 있는 분위기를 마련해 주어야 한다.

자유롭게 제기된 유아들의 질문은 함께 토의하는 과정을 가져 질문을 더욱 정교화하거나 문제를 해결하기 위한 실험으로 이어 줄 수 있을 것이다. 유아의 질문에서 이어지는 실험이나 문제를 해결해 나가는 과정을 통해 유아는 보다 창의적이고 비판적인 능력이 신장될 수 있다.

예비교사들의 신나는 과학 놀이

요즘 과학시간을 거듭하면서 이런저런 생각이 많다. 나중에 '호기심 많은 유아들에게 내가 좋은 선생님이 될 수 있을까?' 하는 걱정이 된다. 그래서 조금 더 적극적으로 유아들처럼 궁금하면 물어보고, 직접 시도해 봐야겠다는 생각이 들었다. 그래서 생활 속에서 궁금한 것들을 적극적으로 알아보고 실험해 보기로 하였다. "두드리라! 열리리라!"

언젠가 TV에서 세탁의 달인이 나와 레드와인 얼룩을 화이트와인으로 제거하는 걸 보았는데 너무 신기했다. 그래서 직접 실험해 보기로 했다. 요즘 와인 인구가 늘어나서 유용하게 알려 줄 수 있을 것 같다. 막상 실험을 하자니 겁이 나서 TV에서 본 와이셔츠가 아닌 작은 손수건에 와인을 부었는데 천이 달라 어쩐지 잘 안 될 것 같은 불길한 생각이 들었다. 소심하게 손수건의 한쪽에만 살짝 와인을 묻혔는데, 화이트와인에 담그자 다른 곳까지 모두 얼룩이 번져 완전히 와인 빛 손수건이 되고 말았다.

걱정돼서 다시 네이버에서 와인 얼룩 관련 검색을 해 보았다. 그랬더니 레드와인은 알칼리성인데 산성인 화이트와인의 타닌 성분이 중화시켜 얼룩이 제거된다고 했다. 다시 자신을 얻어 화이트와인에 담근 손수건을 주물러 빨았다. 그래도 여전히 완전히 얼룩이 없어지지 않아 걱정되었다. 일단 시간을 좀 두고 봐야겠다 싶어 잠시 담가 두고 세수를 하고 와서 헹구어 냈는데 거의 와인 색이 다 빠진 것 같았다. 그리고 널어 두었는데 드라마틱하게 얼룩이 제거되었다.

실험을 하면서 퐁퐁, 비누, 요즘 청소와 세탁에 많이 쓴다는 식초나 베이킹소다 등으로 실험해 보고 비교해 보고 싶었다. 시간도 설정해서 비교해 보아도 재미있을 것 같다. 이러한 설계로 아이들과 함께 실험한다면 재미있는 실험이 될 수 있을 것이다.

역시 조금 귀찮기는 하지만 막상 이렇게 실험해 보니 신나고 재밌는데, 아이들은 얼마나 즐거울까. 이렇게 신나는 과학놀이를 하며 아이들과 즐길 수 있게 된다면 세상에서 제일가는 멋진 선생님으로 성장할 수 있을 것이다. 그날을 위하여 와인 잔을 들어 건배!

와인 얼룩

레드와인 얼룩

화이트와인에 담근 후 빤다.

⬇

말린다.

참고 문헌

고선옥·김경신·임경례·한성민(2016). 아동과학교육. 경기: 공동체.

고영미(2001). 증발과 증발 조건에 대한 유, 초, 중학교 아동의 개념 연구. 한국교원대학교 대학원 석사학위논문.

공인숙·권기남·권혜진·김영주·김혜라(2015). 영아발달. 경기: 양서원.

교육과학기술부(2008). 유치원 교육과정 해설 Ⅲ. 서울: 교육과학기술부.

교육과학기술부(2012). 5세 누리과정 교사용 지도서. 서울: 교육과학기술부.

교육과학기술부(2013a). 4세 누리과정 교사용 지도서 ⑩. 서울: 교육과학기술부.

교육과학기술부(2013b). 5세 누리과정 교사용 지도서 ⑩. 서울: 교육과학기술부.

교육과학기술부·보건복지부(2013). 3-5세 연령별 누리과정: 해설서. 서울: 교육과학기술부·보건복지부.

교육부·보건복지부(2019). 2019 개정 누리과정 해설서. 세종: 교육부·보건복지부.

권영례(2006). 유아과학교육. 서울: 한국방송통신대학교출판문화원.

권영례(2011). 유아과학교육 2판. 서울: 학지사.

권영례(2016). 유아과학교육. 서울: 한국방송통신대학교출판문화원.

권용주·남정희·이기영·이효녕·최경희(2013). 과학교육: 사고에서 학습까지. 서울: 북스힐.

권재술·김범기·강남화·최병순·김효남·백성혜·양일호·권용주·차희영·우종욱·정진우(2013). 과학교육론. 경기: 교육과학사.

김경미·김현주·송연숙(2013). 현장중심 유아과학교육 -3차 표준보육과정과 3~5세 누리과정 연계-. 서울: 창지사.

김경미·김현주·송연숙(2015). 현장중심 유아과학교육. 서울: 창지사.

김남연·조형숙(2012). 미술과 통합한 유아과학교육 프로그램의 개발 및 적용효과. 유아교육학논집, 16(6), 73-101.

김미정·임재택(1997). 생태지향주의에 기초한 유아환경교육의 접근방안모색. 유아교육논총, 7, 67-96.

김세진(2005). 흙과 하늘에 대한 자연 체험 활동의 교육적 의미 탐색. 중앙대학교 교육대학원 석사학위논문.

김승희(2015). 교수-학습 모형과 방법을 활용한 유아과학교육. 서울: 학지사.

김영옥(2017). 부모교육. 경기: 공동체.

김은영·고영미·유영의(2015). 과학·미술 통합 활동이 유아의 과학적 태도와 미술성향에 미치는 영향. 어린이문학교육연구, 16(2), 297-320.

김은주(2004). 생태유아교육의 교육원리에 관한 연구. 유아교육연구, 24(5), 167-186.

김정주·김영실(2004). 유아과학교육 실태 및 이에 관한 교사의 요구. 유아교육학논집, 8(2), 157-181.

김지영·황혜경·이영애·김선희·성연승(2013). 영유아 동작교육. 경기: 양서원.

김현경·김경희·정재은·김윤자·강혜현(2016). 유아과학교육. 서울: 학지사.

김효남·백성혜·조부경·고영미·박재원·박진옥·임명혁(2000). 유아, 초, 중등 과학교육과정의 연계 운영 방안. 2001 교육 개혁 및 교육 정책 추진 과제. 1597-1743.

김효진·권민균(2007). 소집단 과학 활동이 유아의 창의성과 언어능력에 미치는 영향. 미래교육학회지, 14(2), 1-20.

류진희(2006). 유아교사를 위한 교육실습과 교육활동. 경기: 양서원.

문연심·이화영(2011). 통합적 접근에 기초한 영유아 수·과학 교육. 경기: 양서원.

문혁준·김경은·서소정·성미영·안선희·임정하·하지영·황혜정(2016). 영유아발달. 서울: 창지사.

박낙규(2001). “자연의 새로운 조망” 어린이와 자연. 어린이육영회 창립 20주년 기념 유아교육 학술대회 자료집, 13-30.

박언휘(2004). 산책을 통한 자연탐구활동의 경험 세계. 중앙대학교 대학원 석사학위논문.

박희숙·강민희(2017). 인간행동과 사회환경. 서울: 창지사.

방인옥·박찬옥·이기현·김은희(2013). 유아교육과정. 경기: 정민사.

보건복지부(2012). 5세 누리과정에 기초한 어린이집프로그램 ③. 서울: 보건복지부.

보건복지부(2014a). 어린이집 표준보육과정에 기초한 영아보육프로그램 0세 ①. 서울: 보건복지부.

보건복지부(2014b). 어린이집 표준보육과정에 기초한 영아보육프로그램 1세 ①. 서울: 보건복지부.

보건복지부(2014c). 어린이집 표준보육과정에 기초한 영아보육프로그램 2세 ①. 서울: 보건복지부.

보건복지부(2014d). 어린이집 표준보육과정에 기초한 영아보육프로그램 2세 ②. 서울: 보건복지부.

보건복지부(2014e). 제3차 어린이집 표준보육과정 해설서. 서울: 보건복지부.

보건복지부·육아정책연구소(2013). 제3차 어린이집 표준보육과정 해설서. 서울: 중앙육아종합지원센터.

사회문화연구소(2000). 사회학사전. 서울: 사회문화연구소.

서울대학교 교육연구소(1995). 교육학용어사전. 서울: 하우.

성현란·이현진·김혜리·박영신·박선미·유연옥·손영숙(2006). 인지발달. 서울: 학지사.

신은수·안경숙·김은정·안부금(2006). 생활과 환경 중심의 영유아과학교육. 경기: 양서원.

안경숙·김소향(2001). 유아 평가 방법의 새로운 대안 모색. 열린유아교육연구, 6(1), 89-105.

안현정(2011). 유아의 흥미를 반영한 과학영역 구성이 유아의 과학관련 태도와 과학적 탐구능력에 미치는 영향. 이화여자대학교 교육대학원 석사학위논문.

양옥승(2001). 자연을 통한 유아교육. 어린이육영회 창립 20주년기념 유아교육학술대회자료집, 43-60.

에즈라 잭 키츠(1995). 눈 오는 날. (김소희 역. 원제: The snowy day). 서울: 비룡소. (원저 1963년 출간).

유경숙(2003). 생태지향적 유아과학교육에 관한 소고. 아동교육, 12(1), 95-103.

유연화·임경애·최현정(2015). 유아과학교육. 경기: 공동체.

유혜민(2004). 자연놀이 경험을 통해 본 3세 유아의 자연에 대한 태도 및 개념이해과정 탐색. 중앙대학교 대학원 석사학위논문.

유효순(2016). 영유아발달. 서울: 창지사.

윤미승(2015). 유아과학교육 프로그램이 유아의 과학적 소양에 미치는 효과에 관한 메타분석. 경북대학교 대학원 박사학위논문.

위형윤(2003). 자연생태계와 인간의 관계에 관한 신학적 연구. 한국기독교 신학논총, 30, 343-363.

이경민(2004). 유아과학교육. 경기: 정민사.

이경민(2013). 유아과학교육의 방향과 과제. 교육논총, 33(1), 161-189.

이경우·이정환(1996). 유아과학교육. 서울: 창지사.

이경우·장혜순·조부경·김정준(1999). 유아과학교육의 문학적 접근. 서울: 창지사.

이기숙·장영희·이윤경·정미라·심성경·손순복·김영아(2017). 영유아발달. 경기: 양서원.

이기숙·장영희·정미라·엄정애(2014). 유아교육개론. 경기: 양서원.

이기현(2010). 자연과 상호작용을 위한 유아과학교육. 경기: 정민사.

이명순·곽승주·전영희(2014). 영아발달. 경기: 정민사.

이미화·엄지원·정주영(2014). 영아보육 질 제고를 위한 평가도구 개발 및 활용방안. 서울: 육아정책연구소.

이미화·이정림·여종일·김경미·김명순·이경옥·이완정·이정욱·최일선·최혜영(2012). 5세 누리과정 운영에 따른 유아평가 연구: 평가척도 개발. 서울: 육아정책연구소.

이미화·정주영·엄지원·김희정·김명순·이경옥·이완정·이정욱·최일선·최혜영(2013). 3, 4세 누리과정 유아관찰척도 개발. 서울: 육아정책연구소.

이민정·이연승·전지형·강민정·이해정·김정희·전윤숙·박주연(2012). 유아과학교육 -실험중심 탐구활동-. 경기: 공동체.

이설희(2011). 그림책을 활용한 과학활동이 유아의 과학적 문제해결력 및 친사회적 행동에 미치는 영향. 전남대학교 교육대학원 석사학위논문.

이순형·권혜진·권기남·김혜라·최나야·김지현·김은영·안혜령·조우미(2015). 영유아 과학지도. 경기: 교문사.

이순형·권혜진·민하영·권기남·김혜라·최나야·김지현(2010). 영유아 수과학지도. 경기: 교문사.

이순형·김혜라·권미경·서주현·전가일·김유미·임여정·김은영·심도현(2011). 유아과학교육. 서울: 학지사.

이영·이정희·김온기·이미란·조성연·이정림·유영미·이재선·신혜원·나종혜·김수연·정지나(2010). 영유아발달. 서울: 학지사.

이은수(2010). 동화를 활용한 가정연계 과학활동이 유아의 과학탐구능력, 부모의 과학교육태도 및 부모-유아의 과학적 상호작용에 미치는 영향. 중앙대학교 교육대학원 석사학위논문.

이은진·김정희(2014). 교육실습 후 예비유아교사들의 아동과학지도수업에 대한 인식 및 요구. 한국보육지원학회지, 10(4), 97-118.

장희익(2001). 자연·인간·교육. 어린이육영회 창립 20주년 기념 유아교육학술대회 자료집, 1-12.

전경원(2015). 융합 창의성을 중심으로 한 유아과학교육. 경기: 정민사.

전성호(2017). 개념톡톡 용어사전 생명과학편. 서울: 푸른길.

조부경·고영미·김효남·백성혜·박재원·박진옥·임명혁(2002). 증발과 증발조건에 관한 활동에서 유, 초, 중학교 학생들의 개념 유형 및 학년별 경향성에 관한 연구. 한국과학교육학회, 22(2), 286-298.

조부경·고영미·남인석(2016). 유아과학교육. 경기: 양서원.

조영진(2004). 교실에서 동물 기르기 활동이 유아의 친사회적 행동에 미치는 영향. 중앙대학교 대학원 석사학위논문.

조형숙·김선월·김지혜·김민정·김남연(2014). 유아과학교육. 서울: 학지사.

조희형·김희경·윤희숙·이기영(2014). 과학교육론. 경기: 교육과학사.

중원문화(2009). 철학사전. 서울: 중원문화.

채희준·이종희(2004). Piaget의 구성주의 이론을 기초로 한 유아의 공기개념 발달에 관한 연구. 아동학회지, 25(4), 93-114.

초등과학 개념사전(2010). 물체와 물질. 경기: (주)북이십일 아울북.

최남숙(2004). 환경교육과 환경보전 행동. 경기: 교문사.

최미현(2000). 생태중심적 유아환경교육에 관한 기초 연구. 미래유아교육학회지, 7(1), 161-186.

최예린·한주희(2013). 그림책을 통해 본 인간출생 과정과 의미. 어린이문학교육연구, 14(3), 25-48.

한국교육심리학회(2000). 교육심리학용어사전. 서울: 학지사.

한 권으로 끝내는 교과서 실험관찰 3·4학년(2011). 물체와 물질. 경기: (주)북이십일 아울북.

한유미(2013). 유아과학교육. 서울: 창지사.

한유미(2015). 유아과학교육. 서울: 창지사.

허연숙(2005). 자연친화 교육활동에서 나타난 유아와 교사의 경험탐색. 중앙대학교 교육대학원 석사학위논문.

홍은주(2003). 자연환경구성활동의 교육적 의미 탐색. 중앙대학교 대학원 박사학위논문.

황의명·조형숙(2001). 탐구 능력 증진을 위한 유아 과학 교육. 경기: 정민사.

American Association for the Advancement of Science (1989). *Science for all Americans: Summary, Project 2061*. Washington, DC: American Association for the Advancement of Science.

Beck, U. (1999). 위험사회. (홍성태 역. 원제: Risikogesellschaft). 서울: 새물결. (원저 1986년 출간).

Berk, L. E. (2015). 아동발달. (이종숙·신은수·안선희·이경옥 역. 원제: Child development). 서울: 시그마프레스. (원저 2013년 출간).

Berk, L. E., & Winsler, A. (1995). *Scaffolding children's learning: Vygotsky and early childhood education. NAEYC Research into Practice Series. Volume 7.* National Association for the Education of Young Children, 1509 16th Street, NW, Washington, DC 20036-1426 (NAEYC catalog# 146).

Bruner, J. S. (1960). *The process of education.* Cambridge, MA: Harvard University Press.

Bruner, J. S. (1961). *The act of discovery.* Cambridge, MA: Harvard University Press.

Bruner, J. S. (1966). *Toward a theory of instruction.* Cambridge, MA: Harvard University Press.

Carson, R. L. (2002). 침묵의 봄. (김은령 역. 원제: The silent spring). 서울: 에코리브르. (원저 1962년 출간).

Chaille, C., & Britain, L. (1991). *The young child as scientist-A constructivist approach to early childhood science education.* NY: Harper Collins publishers.

Chaille, C., & Britain, L. (1997). *The young children as scientist: A constructivist approach to early childhood science education*(2nd ed.). NY: Longman.

Collins, A., Brown, J. S., & Newman, S. E. (1989). Cognitive apprenticeship: Teaching the crafts of reading, writing, and mathematics. *Knowing, learning, and instruction: Essays in honor of Robert Glaser, 18*, 32-42.

Eisner, E. W. (1992). Curriculum ideologies. In Philip W. Jackson(Ed.), *Handbook of research on curriculum* (pp. 302-326). NY: Macmillan.

Harlan, J. D., & Rivkin, M. S. (2002). 창의성을 길러주기 위한 유아과학 교육의 이론과 실제 통합적 접근. (전명남·이해주·정정희 역. 원제: Science experience for the early childhood year: An integrated approach). 서울: 창지사. (원저 2000년 출간).

Holt, B. G. (1990). *Science with young children*. Washington, DC: National Association for the Education Young Children.

Howe, A. G. (2002). *Engaging children in science*. Upper Saddle River, NJ: Merrill Prentice Hall.

Kail, R. V. (2009). 아동과 발달. (권민균·김정민·최형성 역. 원제: Children and their development). 서울: 시그마프레스. (원저 2007년 출간).

Koch, J. (2010). *Science stories: Science methods for elementary and middle school teachers* (4th ed.). Boston: Houghton Mifflin Company.

Koran, J. J., & Longion, S. J. (1982). Curiosity and children's science learning. *Science and Children, 20*(2), 18-19.

Martin, D. J. (2001). *Constructing early childhood science*. NY: Delmar.

Martin, D. J. (2014). 초등교사를 위한 과학교육. (권성기·김동렬·임청환 역. 원제: Elementary science methods: A constructivist approach). 서울: 도서출판 북스힐. (원저 2012년 출간).

McCormack, A. J., & Yager, R. E. (1989). A new taxonomy for science education. *Science Teacher, 56*(2), 47-48.

National Research Council (2000). 국가과학교육 기준 -미국의 과학교육 개혁-. (서혜애·오필석·홍재식 역. 원제: National science education standards). 서울: 교육과학사. (원저 1996년 출간).

NRC (2001). *Classroom assessment and national science education standards*. Washington, DC: National Academy Press.

Ornstein, A. (2006). The frequency of hand-on experimentation and student attitudes toward science: A statistically significant relation. *Journal of Science Education and Technology, 15*(3-4), 285-297.

Paik, S. H., Cho, B. K., & Go, Y. M. (2007). Korean 4 to 11 year-old student conceptions of heat and temperature. *International Journal of Science Education, 44*(2), 284-302.

Yager, J. (1987). Tulumella grandis and T. bahamensis, two new species of thermosbaenacean crustaceans (Monodellidae) from anchialine caves in the Bahamas. *Stygologia, 3*(4), 373-382.

네이버 블로그(http://blog.naver.com/llsh0834/220646105749).

네이버 지식백과: 물체와 물질.

네이버 지식백과(http://terms.naver.com/entry.nhn?docId=3343458&cid=47341&categoryId=47341).

위키백과. 빗면.

컴퓨터 정보용어대사전(http://100.daum.net/encyclopedia/view/156XX52205815).

한겨레신문(2006). 더워지는 지구. 조홍섭 기자.

저 자 약 력

김정희 | 총신대학교 유아교육과 교수

문혁준 | 가톨릭대학교 아동학전공 교수

권희경 | 건국대학교 유아교육과 교수

김민희 | 호남대학교 유아교육학과 교수

우수정 | 동남보건대학교 유아교육과 교수

조한숙 | 칼빈대학교 아동보육학과 교수

제2판
아동과학지도

초 판 1쇄 발행 2017년 8월 25일
초 판 2쇄 발행 2018년 9월 5일
제2판 2쇄 발행 2022년 7월 13일

지 은 이 | 김정희 · 문혁준 · 권희경 · 김민희 · 우수정 · 조한숙
펴 낸 이 | 김기섭
편 집 인 | 김민수
펴 낸 곳 | 창지사 www.changjisa.com
08589 서울시 금천구 가산디지털 1로 83 파트너스타워 1차 9층
전화 (02)719-2211~3
팩스 (02)701-9386
등 록 | 1977년 4월 28일 · 제1-421호

ISBN 978-89-426-1325-0 (93370)

값 18,000원